新能源汽车职业教育产教融合创新教材

纯电动汽车构造原理与检修

赵振宁　编著

本书以比亚迪、上汽荣威、大众 ID4、吉利等常见车型为例，共分 12 个项目，分别为新能源汽车发展史及电动汽车使用保养、车辆控制单元认知及高压互锁控制、锂离子电池认知与故障诊断、电机认知与故障诊断、电动汽车高压电路认知与诊断注意事项、汽车电力电子器件认知与故障诊断、电动汽车变频器原理与故障诊断、车载充电机工作原理与故障诊断、DC/DC 变换器原理与故障诊断、电动汽车空调原理与故障诊断、减速器原理与故障诊断、电动汽车故障分析方法。

本书可作为高等职业院校新能源汽车技术、汽车检测与维修、汽车装配与调整、汽车电子技术等汽车类专业的教材，也可供从事本专业工作售后维修技术人员作参考。

本教材全套讲解视频和后台资源由百慕大汽车（www.bmdcar.com）提供。

图书在版编目（CIP）数据

纯电动汽车构造原理与检修 / 赵振宁编著.
—北京：机械工业出版社，2022.5（2025.1重印）
新能源汽车职业教育产教融合创新教材
ISBN 978-7-111-70671-7

Ⅰ.①纯… Ⅱ.①赵… Ⅲ.①电动汽车-构造-高等职业教育-教材 ②电动汽车-车辆检修-高等职业教育-教材 Ⅳ.①U469.72

中国版本图书馆CIP数据核字（2022）第076256号

机械工业出版社（北京市百万庄大街22号 邮政编码100037）
策划编辑：齐福江　　　责任编辑：齐福江
责任校对：陈　越　张　薇　　封面设计：张　静
责任印制：常天培
固安县铭成印刷有限公司印刷

2025年1月第1版第4次印刷
184mm×260mm·13.25印张·328千字
标准书号：ISBN 978-7-111-70671-7
定价：59.00元

电话服务　　　　　　　　网络服务
客服电话：010-88361066　　机 工 官 网：www.cmpbook.com
　　　　　010-88379833　　机 工 官 博：weibo.com/cmp1952
　　　　　010-68326294　　金　书　网：www.golden-book.com
封底无防伪标均为盗版　　　机工教育服务网：www.cmpedu.com

前 言

纯电动汽车应用越来越广泛，它是集机、电学科领域中最新技术于一身的产品，是国家工业发展水平的标志之一。随着我国新能源汽车行业的发展，纯电动汽车已进入到人们的日常生活中。

1. 编写理念

《纯电动汽车构造原理与检修》作为高职、高专职业教材，理论内容必须做到实际车的结构和原理发展到什么程度，本书的结构和原理就写到什么程度，保证理论内容不过时。教材内容绝不是资料的堆积，而是在讲解原理的同时一定与工程实践相结合，与实际故障相结合，与维修方法相结合，做到学一个内容，能解决一类故障。

2. 内容创新

内容特点：本书按照电动汽车各个系统的结构、原理和检修进行编写。为了达到好的教学效果，本书选用国内销售量较高的吉利车系和比亚迪车系作为参考车型，故障案例和检修测量数据全部来自作者亲身实践，并非他人资料的简单堆积。作者通过分解实车，测绘出原理图，再分析出不同控制思路下的工作原理，并进行了实车验证，形成了第一手资料，使得本教材的理论和实践联系紧密。在电动汽车检修上，目前全国涉及测量电动汽车高压电网电路的标准操作方法的教材较少。电动汽车上有三种电源存在：低压电源、高压电池电源、绝缘检测的电源。以什么作为参考点测量？在实际操作中经常出现错误的测量方法，本书提供了标准测量方法。另外本书也提供了检测高压元件本身是否损坏的方法，为确认元件损坏进行后期的更换或维修提供了依据。

3. 编写特点

在结构上，本书先介绍了电动汽车典型结构组成和各组成的功能，再按各个高压元件的故障现象、排除方法和典型故障进行实例讲解。高压元件的讲述顺序是高压电池、高压配电箱、电机、变频器、DC/DC 变换器、空调压缩机和 PTC 加热器、车载充电机。电动汽车驻车档的组成、原理、故障现象、排除方法与传统汽车不同，本书给出了典型故障实例。最后总结了电动汽车故障分析方法。

电动汽车科学技术的飞速发展导致各车厂电动汽车技术设计差异很大，技术含量不尽相同，作者尽量利用有限的篇幅为读者展现最新最准的电动汽车技术。由于作者的水平有限，难免会有错漏之处，希望读者不吝指正。

本书可作为高等职业院校新能源汽车技术、汽车检测与维修、汽车电子技术等汽车类专业的教材，也可供从事本专业工作的工程开发和售后维修技术人员阅读参考。本教材配套讲解视频和后台资源由百慕大汽车（www.bmdcar.com）提供。未经作者同意，严禁复制和摘抄本教材任何内容。

赵振宁

目 录

前言

项目一　新能源汽车发展史及电动汽车使用保养 / 001
任务一　学习新能源汽车发展史 / 001
任务二　电动汽车组成、使用与保养认知 / 004

项目二　车辆控制单元认知及高压互锁控制 / 010
任务一　车辆控制单元认知 / 010
任务二　高压互锁控制与诊断 / 022

项目三　锂离子电池认知与故障诊断 / 027
任务一　锂离子电池认知 / 027
任务二　电池管理系统功能及故障诊断 / 034
任务三　更换电池 / 041

项目四　电机认知与故障诊断 / 046
任务一　汽车电机认知 / 046
任务二　汽车电机故障诊断 / 054

项目五　电动汽车高压电路认知与诊断注意事项 / 057
任务一　吉利电动汽车高压电路认知 / 057
任务二　比亚迪电动汽车高压电路认知 / 060
任务三　上汽通用电动汽车高压电路认知 / 062
任务四　大众电动汽车高压电路认识 / 063
任务五　高压电路带电测量的注意事项 / 069

项目六　汽车电力电子器件认知与故障诊断 / 071
任务一　汽车电力电子器件认知 / 071
任务二　绝缘栅双极型晶体管（IGBT）认知 / 078
任务三　智能功率模块（IPM）认知 / 090

项目七　电动汽车变频器原理与故障诊断 / 096
任务一　电机传感器原理与故障诊断 / 096
任务二　三相逆变过程与电机控制认知 / 101
任务三　典型变频器的结构与拆装 / 110

项目八　车载充电机工作原理与故障诊断 / 127
任务一　不同充电类型工作原理认知 / 127
任务二　不充电的故障诊断与分析 / 141

项目九　DC/DC 变换器原理与故障诊断 / 144
任务一　DC/DC 变换器原理认知 / 144
任务二　DC/DC 变换器故障诊断与维修 / 154

项目十　电动汽车空调原理与故障诊断 / 160
任务一　空调工作原理认知 / 160
任务二　汽车热泵式空调认知 / 169
任务三　上汽荣威 Ei5 热泵式空调原理与故障诊断 / 178
任务四　空调数据分析及压缩机拆装 / 191

项目十一　减速器原理与故障诊断 / 195
任务一　电动汽车传动系统结构认知 / 195
任务二　减速器原理与故障诊断 / 198

项目十二　电动汽车故障分析方法 / 201
任务一　电动汽车无 IG 档仪表显示异常故障分析 / 201
任务二　电动汽车无法启动故障分析 / 202
任务三　电动汽车加速无力故障分析 / 204
任务四　电动汽车无法充电故障分析 / 204

参考文献 / 208

项目一
新能源汽车发展史及电动汽车使用保养

📌 情境引入

学燃油汽车的小蔡问小林："以内燃机为动力的汽车是卡尔·本茨发明的，那电动汽车又是谁发明的呢？"小林陷入了沉思。

📌 学习目标

1. 简述出纯电动汽车发展历史。
2. 从网络上查找新能源汽车国家发展规划和支持政策。
3. 说出纯电动轿车主要动力系统组成。
4. 说出纯电动客车主要动力系统组成。
5. 说出纯电动汽车仪表新增的指示灯、警告灯和故障灯功能。
6. 说出电动汽车相比燃油汽车新增保养项目有哪些。

任务一　学习新能源汽车发展史

一、谁发明了纯电动汽车

1886年，卡尔·本茨发明了以内燃机为动力的汽车，不过电动车却比内燃机动力汽车有更长的历史。电动车的历史可追溯到1834年托马斯·达文波特（Thomas Davenport）制造的一辆电动三轮车，它由一组不可充电的干电池驱动，只能行驶一小段距离。第一辆以可充电电池为动力的电动车于1881年在法国巴黎出现，它是法国工程师法国人古斯塔夫·土维（Gustave Trouve）装配的以铅酸电池为动力的三轮车（图1-1）。

图1-1　1881年Gustave Trouve的三轮电动车

二、纯电动汽车初期的大发展

和19世纪末的内燃机汽车相比，电动车除了车速略低，在其他方面的优点很多，比如起动方便，而且电动机工作时噪声低，没有发动机的振动和难闻的汽油味。而且，直流电动机低转速时的大转矩输出特性使它用作汽车动力时不需要复杂的传动系统且操作简便，因而电动车成为了机动交通工具的一个主要发展方向。

19世纪末期到20世纪初期是电动车的黄金时期，法国和英国都出现了电动车制造公司，1882年维尔纳·冯·西门子（Werner von Siemens）制造的无轨电车（图1-2），1899年4月29日，比利时人卡米尔·杰那茨（Camille Jenatzy）驾驶着一辆名为La Jamais Contente的炮弹外形电动车以105.88km/h的速度刷新了由汽油发动机保持的世界汽车最高车速的速度纪录（图1-3），这是汽车速度第一次突破100km/h大关，La Jamais Contente电动车保持着这个汽车速度纪录进入到了20世纪。

图1-2　1882年Werner von Siemens制造的无轨电车　　图1-3　1899年La Jamais Contente电动车

与此同时，大洋彼岸的美国在汽车的普及上比欧洲稍晚，但他们有自己的优势，美国在电力技术发展和普及上领先于欧洲。发明了电灯、留声机的美国著名的科学家托马斯·爱迪生（Thomas Edison）是电动车的坚定支持者（图1-4），1911年《纽约时报》曾经这样评论电动车："它经济，不排放废气，是理想的交通工具。"舆论和名人效应对于电动车在美国的推广与普及无疑起到了推波助澜的作用，像美国安东尼电气集团（Anthony Electric）、贝克（Baker）、底特律电气（Detroit Electric）、哥伦比亚（Columbia）和瑞克（Riker）这样的电动车制造公司应运而生。当时的美国不仅拥有数量众多的电动轿车和电动卡车，Bailey Electric公司在1907年甚至开发了最早的电动跑车。贝克公司1911年生产的电动车产品如图1-5所示。1897年纽约出现了第一辆电动出租车。与此同时，和电动车一起相关的配套服务设施也应运而生，美国汉福德电灯公司（Hartford Electric Light）为电动车提供可以更换的电池。Detroit Electric公司不仅制造电动车，还建立了电池充电站方便用户，现代电动车需要的那些配套设施在约100年前就已经建立过了。

图1-4　1913年爱迪生和一辆电动车的合影　　图1-5　1911年的Baker Electric Runabout

三　纯电动汽车的第一次没落

不过，电动车的黄金时代并没有持续太久，20世纪20年代后，内燃机技术达到了一个新水平，装备内燃机的汽车速度更快，加一次油的续驶里程是电动车的 3 倍左右，且使用成本低。相比之下，电动车的发展进入了瓶颈时期，在降低制造成本和改善使用便利性方面没有明显的进步。这种背景下，电动车很快失去了存在的意义，在 1940 年左右电动车基本上就从欧美汽车市场中消失了。

四 纯电动汽车的多次昙花一现

1973 年爆发的中东石油危机令全世界陷入石油短缺的境地，人们又开始关注其他动力的汽车，电动车再一次进入人们的视线。20 世纪 80~90 年代，日本和美国的汽车厂家生产了一系列电动车，比如 Chrysler TE Van 和丰田 RAV4 EV，名气最大的是 1996 年通用汽车公司投产的 EV1 电动轿车（图 1-6），不过，它们最终都是昙花一现。

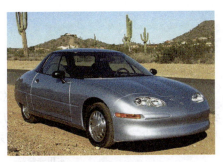

图 1-6　1996 年的通用 EV1

五 中国新能源汽车的发展情况

国务院在 2012 年发布《节能与新能源汽车产业发展规划（2012—2020 年）》，指出"我国新能源汽车经过近 10 年的研究开发和示范运行，基本具备产业化发展基础，电池、电机、电子控制和系统集成等关键技术取得重大进步，纯电动汽车和插电式混合动力汽车开始小规模投放市场"。

新能源汽车销量真正增加在 2017 年以后，如图 1-7 所示，2019 年中国新能源汽车市场销量之所以连续四个月大幅滑坡。主要有两个原因：一是补贴大退坡；二是燃油汽车国五切换国六带来的大降价。中国汽车市场销量总体至 2020 年仍继续下滑，这是新能源汽车市场发展的大背景。

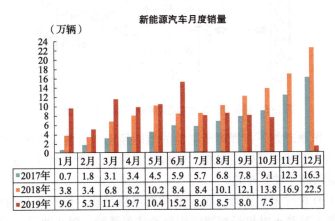

图 1-7　新能源汽车三年各月销量图（全部新能源汽车）

当然，也有三大有利因素：一是私人购买量实际在逐渐增长，消费者对电动汽车的认同感在增强；二是供给端质量在提升，广汽、上汽、吉利、比亚迪等生产的智能电动汽车已开始投放市场，跨国汽车公司品牌的电动汽车纷纷开始上市，与国产特斯拉一道共同培育这一市场；三是电动汽车积分将越来越值钱。未来短期中国新能源汽车市场将略有反弹，但不会爆发。

任务二　电动汽车组成、使用与保养认知

目前，商品化的电动汽车为单电机结构。多电机电动汽车由于成本高、技术控制难度大，经常在电动汽车原理性教材中介绍其优越性，但多电机结构在商品化轿车中的必要性不是很大，近期实现商品化的可能性极小。因此，本书仅介绍单电机结构的电动汽车的知识。当弄懂了单电机结构后，多电机结构的电动汽车就不难了。

一　典型电动汽车组成

1. 单电机轿车

图 1-8 所示为纯电动汽车（前驱车型）的电力驱动系统。其中包括采用锂离子电池、电动汽车变频器、电机三部分组成的动力系统，以及由两级减速器和差速器组成的传动系统，两个系统组成了电动汽车的电力驱动系统。

纯电动汽车电力驱动系统组成（前驱车型）

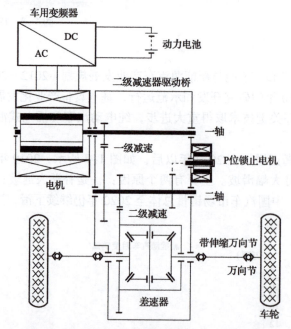

图 1-8　纯电动汽车电力驱动系统组成（前驱车型）

电力驱动系统工作原理如下：锂离子电池的电能经正、负两条供电电缆加到变频器上，变频器将直流电换流为三相交流电给电机，电机转动后，转速经两级主减速器降速增矩后到达差速器，经差速器两侧半轴到车轮。

电子变速杆位于 D 位时电机正转，位于 R 位时电机反转，位于 N 位时电机停转，位于 P 位（或按下 P 位开关）时驻车电机经减速机构制动驻车棘轮，阻止驱动轮转动。

2. 单电机客车

图 1-9 所示为纯电动客车电力驱动系统。客车采用后驱动形式，与前驱车型相比主要是采用了两档或三档的变速器以增加电机的效率。通过在客车上增加变速器，可降低动力电池的电压、变频器的容量和电机的功率，从而在一定程度上降低电动汽车成本，也降低了传动系统的噪声。

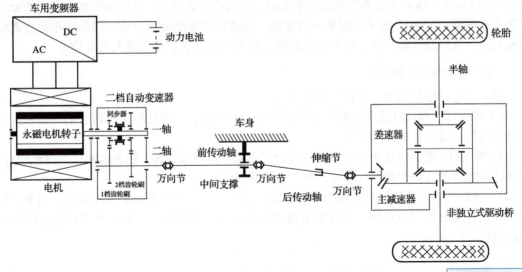

图 1-9　纯电动客车电力驱动系统组成

其电力驱动系统工作原理如下：锂离子电池的电能经正、负两条供电电缆加到变频器上，变频器将直流电变换为三相交流电供应给电机，电机转动后，转速经两档变速器降速增矩后到达传动轴，经传动轴到主减速器、差速器，经差速器两侧半轴到车轮。

同样也是变速杆位于 D 位时电机正转，位于 R 位时电机反转，位于 N 位时电机停转。客车的驻车制动系统位于 P 位（或按下 P 位开关）时与传统汽车相同。例如在液压制动的汽车上，中小型车上采用中间传动轴制动方式。在通常采用气压制动的大型客/货车上，通过解除（放掉）制动鼓中气压实施弹簧制动，实现后轮驻车（通常也是驱动轮）。

国内也有一些客车采用取消变速器的形式，这种车型通常是试制中的产品。取消变速器的形式不仅增加了客户购车时电池、变频器和电机的成本，也增加了未来的使用成本。

纯电动客车电力驱动系统组成

二 电动汽车使用

1. 电动汽车仪表

相对于传统燃油汽车仪表，纯电动汽车仪表（图 1-10）的使用主要集中在仪表和三灯的意义与信息显示屏的内容上。

图 1-10　纯电动汽车仪表

（1）电动汽车仪表

电动汽车仪表包括驱动电机的转速和车速两块指针式仪表或数字显示式仪表。动力电池荷电状态（SOC）指示动力蓄电池的剩余电量，多用指针式显示，也可采用数字模拟指示条、数字式显示器。当 SOC 低于下限某一规定值，应特别明显地标示出来。如果使用动力蓄电池更换系统，最好能自动复位，如不能自动恢复到全充满状态，则应能人工复位。

（2）电动汽车仪表三灯

仪表的三灯指指示灯、警告灯和故障灯。

1）指示灯。指示灯通常是对驾驶员操作的一种反馈，例如转向指示灯、远光指示灯和近光指示灯等，指示灯通常用绿色。

2）警告灯。警告灯通常是车辆本身可能存在隐患或严重故障，例如机油压力过低警告灯、蓄电池放电警告灯和制动警告灯等，警告灯通常用红色。

3）故障灯。电控系统的自诊断系统诊断出故障，并存储了相关的故障码时，用来提示本控制器内存有故障码时点亮，例如发动机故障灯、变速箱故障灯、ABS 故障灯等，故障灯通常用黄色。

> **技师指导** 在打开点火开关时车辆会自检故障灯本身是否有故障，而指示灯和警告灯则没有自检过程。

指示灯、故障灯和警告灯

2. 指示灯、故障灯和警告灯的解释

电动汽车的指示灯、故障灯和警告灯见表 1-1。

表 1-1 指示灯、故障灯和警告灯

仪表灯名称	图案	仪表灯名称	图案
电机及变频器故障灯		整车控制器系统故障灯	
动力电池故障灯		动力电池断开指示灯	
动力电池过热警告灯		高压上电就绪指示灯	READY 或 OK
绝缘等级低警告灯		经济模式指示灯	ECO
动力电池电量不足指示灯		运动模式指示灯	SPORT

3. 电动汽车三灯含义

（1）电机及变频器故障灯

该灯亮表示汽车电机及变频器有故障或过热。其故障指示目前多由电机变频器向整车控制器发送，再由整车控制器触发仪表。未来的发展方向是诊断仪可与变频器系统直接通信，不经整车控制器。若系统过热，需要靠边停车，自然冷却。如果故障灯熄灭可继续行驶，如故障灯不熄灭或者频繁亮起，就需要去维修店检查了。

（2）动力电池过热警告灯

该灯亮说明动力电池过热，此时最好不要继续行驶，应该靠边停车，等待动力电池冷却，等到故障灯熄灭后再行驶。电池管理系统正常情况下此灯不会点亮。

（3）动力电池故障灯

该灯亮表示动力电池可能存在故障，要慢速行驶及时维修，如果能够感觉到明显的故障最好不要行车，申请救援。其原因为电池管理系统（BMS）内部存有故障码，比如电池间电压不一致、内阻不一致或温度不一致等故障。其故障指示目前多由电池管理系统向整车控制器发送，再由整车控制器触发仪表。未来的发展方向是诊断仪可与电池管理系统直接通信，不经整车控制器。

（4）动力电池绝缘等级低警告灯

该灯亮表示动力电池绝缘性能降低，很多时候都是长时间淋雨造成的，静放几天等车辆干燥了或许能好，如不能，就必须去维修店检查。其原因是正极或负极母线有裸露与车身相连，或通过杂质相连，应及时排除这类故障。

（5）动力电池电量不足指示灯

当动力电池电量低于30%时，该指示灯亮起，表示动力电池电量不足，可能不能满足续驶里程的需求。这个时候，就需要尽快充电了。当动力电池电量高于35%时，故障灯就会熄灭，它相当于传统汽车的燃油存量不足指示灯。

（6）整车控制器系统故障灯

该灯亮说明整车控制器（VCU）内部有了故障码。这个故障灯出现频率较高，大多数时候会与其他故障灯一同亮起，表示动力系统故障。如果这个故障灯单独亮起，则代表系统总线通信出现故障，需要及时维修。

（7）动力电池断开指示灯

它表示动力电池不能提供动力来源，动力已切断，需要及时维修。

（8）高压上电就绪指示灯（READY）

绿色的READY指示灯亮，表示上电就绪，有的车采用OK灯表示。其含义为电池箱内的高压电经过高压配电箱的上电继电器加到变频器上，电机处于可驱动状态。

（9）经济模式指示灯（ECO）

该灯亮时，同样加速踏板位置或变化速率下，电机动力性变弱，但耗电量明显减小。

（10）运动模式指示灯（SPORT）

该灯亮时，同样加速踏板位置或变化速率下，电机动力性更强，但耗电量明显增加。

个别电动汽车的仪表可能还有下列功能：

1）动力电池电压。动力电池的电压表一般不设置，一些电动汽车设置了，也只是采用数字显示。驾驶员踩下踏板时，数字显示的电压变动量大，数字变动太快，对驾驶员基本没有意义。

➤ **建议**：在仪表的标度盘上应标示出恰当的工作电压范围。为增加指示值的准确性，在工作范围内宜使用扩展标度。

2）动力电池电流。一般不设置，若设置时多采用指针表或条状指示表，用来测量流过动力电池的电流。在仪表的标度盘上应规定准确的 0 位置，对于具有再生制动功能的车辆，在标度盘 0 位置的两个方向上都应标示出正常工作电流的范围。

➤ **建议**：少数国产电动汽车会采用数字显示，这种情况不太合理，容易引起驾驶员的过多关注，引起驾驶员注意力不集中。

3）电机转速表。实际应用中电机转速突变较快，一般不设置电机转速表表盘，若设置多采用指针表或条状指示表，当转速超过某一规定值时，应特别明显地标示出来。

➤ **建议**：不设置电机转速表，以防引起驾驶员的过多关注。

4. 电动汽车中央信息显示

一般仪表中设置有中央信息显示屏，其故障信息提醒如下：
1）电机超速提醒信息。当电机超速时，最好用声信号连同光信号向驾驶员发出警告。
2）动力电池剩余容量下限提醒信息。当动力电池剩余容量低于某个百分数（例如25%）时，应通过信号装置提醒驾驶员。
3）高压绝缘性能下降提醒信息。当绝缘电阻和爬电距离小于规定值时，应通过信号装置提醒驾驶员。绝缘电阻可包括动力电池绝缘电阻、动力系统和车辆电底盘之间绝缘电阻、动力系统和辅助电路之间绝缘电阻；爬电距离包括动力电池连接端子间的爬电距离、带电部件与底盘之间的爬电距离。
4）驾驶员不安全停车提醒信息。当驾驶员离开车辆后，如果驱动系统仍处于"可行驶"状态，应通过信号装置提醒驾驶员。

三 电动汽车保养

1. 更换冷却液的注意事项

按厂家的使用手册提供的冷却液更换周期来更换冷却液，图 1-11 所示为断开散热器下水管放出冷却液。两个冷却液储液罐加注位置如图 1-12 所示，两个储液罐液面位于最低液位（MIN）和最高液位（MAX）之间。注意：这里更换的冷却液是电机、变频器、DC/DC 变换器、车载充电机等共用的冷却液循环系统的冷却液。另一个储液罐是电动汽车的锂离子电池采用冷却液进行制冷和制热时的冷却液，也要定期进行更换。

图 1-11　放出电机冷却系统的冷却液

图 1-12　冷却液储液罐加注位置

2. 更换减速器的齿轮油

两级减速器的齿轮油保养是要按厂家提供的使用手册要求的更换周期更换，减速器装有放油螺栓（图1-13）和加油螺栓（图1-14）。

图1-13　两级减速器的放油螺栓

图1-14　两级减速器的加油螺栓

复习题

1. 填空题

（1）单电机轿车驱动采用_____、_____、_____三部分组成的动力系统。

（2）单电机轿车驱动采用_____和_____组成传动系统。

（3）电池的电能经_____、_____两条电缆加到变频器上，变频器将_____换流为_____给电机。

（4）电动客车的变速箱通常采用_____档变速器降速增矩后到达传动轴。

（5）变速杆位于_____时电机正转，位于_____时电机反转，位于_____时电机停转，位于_____时驻车电机经减速机构制动驻车棘轮，阻止驱动轮转动。

2. 判断题

（1）电动轿车配有多档变速器。　　　　　　　　　　　　　　　　　　　（　　）

（2）电动轿车不需要发动机的起动机，因此不需要起动档。　　　　　　　（　　）

（3）某些电动轿车没有IG档。　　　　　　　　　　　　　　　　　　　（　　）

（4）电动轿车在READY档时，表示锂电池已给变频器供电。　　　　　　（　　）

（5）电动轿车保养项目相比燃油汽车大大减少。　　　　　　　　　　　（　　）

3. 简答题

（1）从网络上查找新能源汽车国家发展规划和支持政策。

（2）纯电动汽车仪表较传统汽车仪表，新增的指示灯、警告灯和故障灯功能有哪些？

（3）电动汽车相比燃油汽车新增保养项目有哪些？

项目二
车辆控制单元认知
及高压互锁控制

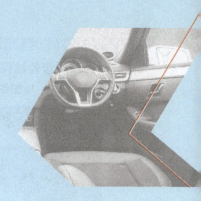

情境引入

1. 在一次外出救援工作中，小林遇到停在楼底下的一辆纯电动汽车无法行驶，初次见到电动汽车的小林感到一片迷茫。你知道要解决这个问题，要用到哪些知识吗？

2. 在一次外出救援工作中，小林遇到一辆纯电动汽车无法READY上电行驶，诊断仪显示"高压互锁故障"小林感到一片迷茫。你知道要解决这个问题，要用到哪些知识吗？

学习目标

1. 说出纯电动轿车整车控制系统（VCU）的输入信号有哪些。
2. 说出纯电动轿车整车控制系统（VCU）的输出信号有哪些。
3. 说出纯电动轿车的生热部件有哪些。
4. 说出高压互锁电路的作用是什么以及如何进行诊断。

任务一　车辆控制单元认知

一　车辆控制单元功能

1. 车辆控制单元

汽车的行为是人和微控制器共同控制的结果。在汽车上，人（驾驶员）将加速踏板位置信号、制动踏板位置信号、变速杆位置信号输入到一个控制器，这个控制器是汽车中众多微控制器中权利最高、管理最宽的。因为汽车的行驶是人的输入和微控制器执行的结果，没有人对微控制器的输入，微控制器系统也没法实现自己主动输出（无人驾驶汽车除外）。

Vehicle Control Unit（VCU）可译为"车辆控制单元"或"整车控制单元"。一个容易出现理解错误的地方就是整车控制单元（VCU）是对整辆汽车的各个系统进行控制。这是按字面进行理解，当然是错误的。根据车辆控制单元最主要的功能可以发现，车辆控制单元更准确的名称应为"车辆动力管理控制器"或"电力驱动系统的总控制单元"。

在纯电动汽车上，这个车辆控制单元被称为整车控制器，英文缩写VCU。在混合动力汽车上被称为动力管理控制单元或混合动力控制控制单元或控制器，英文缩写HV-ECU。

那为什么不直接叫"车辆动力管理控制器"或"电力驱动系统控制单元"呢？这是由于

车辆控制单元（VCU）的名称是早期电动汽车开发者命名的，那个时候的电动汽车也没有其他电控系统，因此一直沿用至今天。现在从电动汽车开发角度的一个说法是要开发一辆纯电动汽车，要包括电池和电池管理系统、电机和电机控制系统、整车控制系统（包括汽车电气、汽车底盘等）。

本书并不是从开发角度来设计，一则汽车电气系统和底盘系统本身自成体系，新能源汽车在电气和底盘方面与以前汽车基本相同，在汽车电气和底盘中增加新能源汽车内容的电气和底盘内容即可。本书是从早期的车辆动力管理控制器的角度出发，以完善电池和电池管理、电机和电机控制、整车控制三个组成部分，整车控制部分注重典型的纯电动汽车和混合动力汽车的动力管理控制器功能控制。

图2-1所示为吉利EV300纯电动汽车车辆控制单元。

图2-1 吉利EV300纯电动汽车车辆控制单元

2. 车辆控制单元功能

（1）动力管理功能

驾驶员踩下加速踏板将驾驶员的转矩需求输入给车辆控制单元，车辆控制单元根据动力电池状态输出一个电机转矩控制目标数值，并把这个控制目标数值发给电机控制器（Motor Control Unit，MCU）。

电机控制器位于电机变频器内部，电机控制器控制变频器内部的逆变器实现供给电机的电流产生电机转矩与控制目标数值相等。

（2）冷却控制功能

电动汽车的高压部件有动力电池、高压配电箱、变频器、电机、车载充电机、DC/DC变换器、空调PTC加热器等。

在这些高压部件中变频器、电机、DC/DC变换器、车载充电机四个部件需要采用冷却液进行冷却。

为什么对电机进行冷却呢？这是因为汽车电机工作在非额定工况，定子线圈生热相对多，定子线圈温度过高会导致定子线圈的绝缘下降，损坏电机。

为什么要对变频器、DC/DC变换器和车载充电机进行冷却呢？这是因为三个高压部件在进行电力电子变换过程中会产生大量的热量，热量积累会导致高压电子器件温度上升造成损坏。

冷却控制包括对电动水泵继电器控制（图2-2）和散热器风扇继电器（图2-3）控制。

图2-2 吉利EV300纯电动汽车水泵继电器位置　　图2-3 吉利EV300纯电动汽车散热器风扇继电器位置

（3）电动真空泵控制功能

纯电动汽车的制动系统仍采用真空助力器对双腔串联制动主缸进行助力，真空助力器的真空源来自于车辆控制单元（VCU）对真空泵继电器进行控制，有的电动汽车的电动真空泵（图2-4）受ABS的制动控制单元控制，继电器位置如图2-5所示。

图2-4 吉利EV300电动真空泵位置　　图2-5 吉利EV300电动真空泵继电器位置

（4）网关控制功能

在纯电动汽车上，一般采用车辆控制单元（VCU）实现低速网段控制单元（B-CAN）和高速控制单元（P-CAN）的通信。

其工作原理如图2-6所示，为了说明网关的功能，我们假定高速网（P-CAN）为低速网

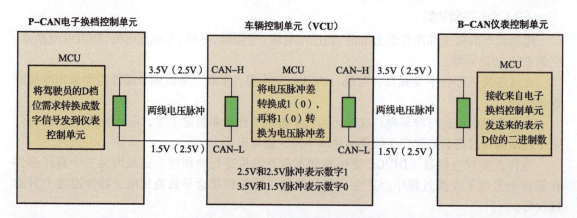

图2-6 高速网（P-CAN）为低速网（B-CAN）速度的5倍

（B-CAN）速度的 5 倍，网段 P-CAN 的电子换档控制单元（也称线控变速杆单元）将代表变速杆位置（例如 D 位）的数字数据以总线脉冲形式 0（3.5V 和 1.5V 的 2V 脉冲差）、1（2.5V 和 2.5V 的 0V 脉冲差）向右发过来，车辆控制单元将总线脉冲差进行解析后变换为数字信号，将 3.5V 和 1.5V 的 2V 脉冲差转换为 0，将 2.5V 和 2.5V 的 0V 脉冲差转换 1，数字信号 0、1 代表的内容仍为变速杆位置的数字数据。这个数字数据 0、1 被车辆控制单元向右侧 B-CAN 变为总线脉冲，仪表控制单元将总线脉冲电压差进行解析后变为数字数据 0、1。仪表查得这个数字数据为字母 D，仪表驱动显示器显示 D 位。

（5）自诊断功能

在纯电动汽车上，诊断仪连接在车辆控制单元（VCU）上，实现对汽车所有电控单元的诊断。

其工作原理如图 2-7 所示，右侧汽车诊断仪向车辆控制单元申请要读取电池管理系统的故障码，车辆控制单元接收到修理技师通过诊断仪以总线脉冲形式发过来的申请后，将总线脉冲差进行解析后变为数字信号 0、1，数字信号 0、1 代表的内容为读取电池管理系统的故障码，这个数字信号 0、1 被车辆控制单元向左变为总线脉冲，电池管理系统将总线脉冲差进行解析后变为数字信号 0、1 查得这个内容为要将自身诊断出的故障以故障码的形式显示在诊断仪的屏幕上。

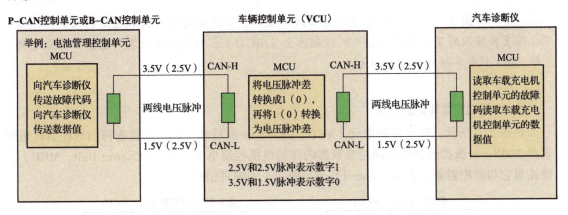

图 2-7 电控单元外接诊断仪工作原理

二 电动汽车转矩控制

电动汽车在驱动和制动时的控制目标是控制转矩。在驱动时的转矩称为"驱动转矩"，即电磁力矩 $T=BIL$，由于电机结构固定，力臂 L 固定，电机转矩可理解为电机被控制后的电流 I 大小。在制动时的转矩称为"制动转矩"，在制动时，总制动转矩等于制动能量回收控制转矩和 ABS 制动控制转矩两部分产生的制动转矩之和。

1. 驱动控制转矩

（1）驱动控制转矩的产生

如图 2-8 所示，反映驾驶员转矩需求的加速踏板位置传感器采用冗余设计，主信号电压输出和副信号电压输出不同，但在车辆控制单元（VCU）内部经微控制器（MCU）处理后反映的是同一个加速踏板的位置。在微控制器（MCU）内部查得在横轴某加速踏板位置百分数时（例如50%），对应纵轴电机转矩300N·m。

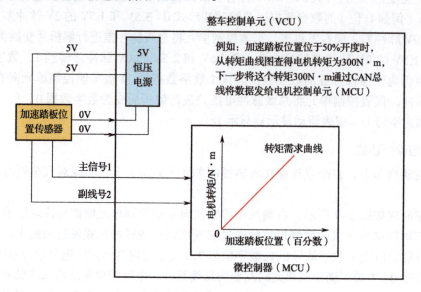

图2-8 驱动控制转矩的产生

> **特别指出** 图2-8给出的是正常的电动汽车设计，不过有的汽车将加速踏板位置传感器电路直接接入到变频器内部的电机控制器上（MCU），加速踏板位置传感器位置信息再经CAN到整车控制单元（VCU）。

（2）驱动控制转矩的发送

如图2-9所示，整车控制单元（VCU）内部经微控制器（MCU）将查得的驾驶员转矩需求的300N·m数据经总线传递给变频器内部的电机控制单元（Motor Control Unit，MCU）。要注意它与微控制器（Micro Control Unit，MCU）的缩写相同。

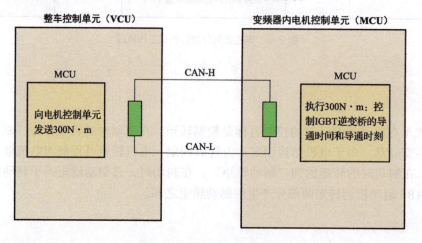

图2-9 驱动控制转矩的发送

（3）驱动控制转矩的实现

如图2-10所示，电机控制单元收到300N·m这个任务后，开始计算电机对应的电流是多少,而对应这个电流的 IGBT 导通时间和时刻是什么。电机控制单元控制 IGBT 驱动电路,IGBT 驱动电路驱动 IGBT 逆变桥的六个 IGBT 实现汽车电机定子电流的控制。电机的相电流传感器将电流反馈给电机控制单元从而进行微小的 IGBT 导通时间修正,实现电机精确的电流反馈控制。

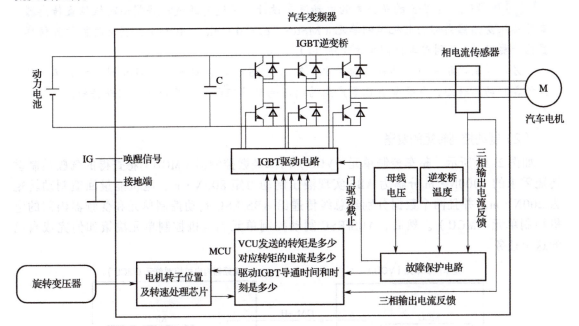

图 2-10 驱动控制转矩的实现

2. 制动控制转矩

（1）制动控制转矩的产生

如图 2-11 所示,反映驾驶员制动转矩需求的制动踏板位置传感器采用冗余设计,主信

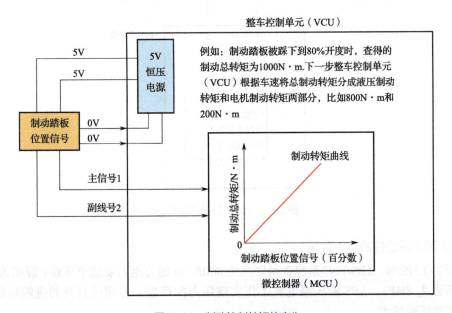

图 2-11 制动控制转矩的产生

号电压输出和副信号电压输出不同,但在车辆控制单元(VCU)内部经微控制器(MCU)处理后反映的是同一个制动踏板的位置。在微控制器内部查得在横轴某制动踏板位置百分数时(例如80%),对应纵轴制动转矩需求为800N·m。

> **特别指出** 图2-11给出的是正常的电动汽车设计,不过有的汽车将制动踏板位置传感器直接接入变频器内部的电机控制单元(Motor Control Unit,MCU),制动踏板位置传感器信号要经CAN到整车控制单元(VCU)。
>
> 另外,制动踏板位置传感器信号也可输入ABS制动控制单元,ABS制动控制单元执行计算制动总转矩,并分配自己要产生的液压制动转矩和电机要产生的制动转矩。

(2)制动控制转矩的发送

如图2-12所示,整车控制单元(VCU)内部经微控制器(MCU)将查得的驾驶员制动转矩需求的1000N·m分解为ABS实现液压制动力矩800N·m,电机能量回馈制动转矩为200N·m,并且两个数据分别经总线传递给ABS/ESC制动控制单元和变频器内部的电机控制单元(MCU)。然后,ABS/ESC制动控制单元和电机控制单元决策如何完成自己的这个任务。

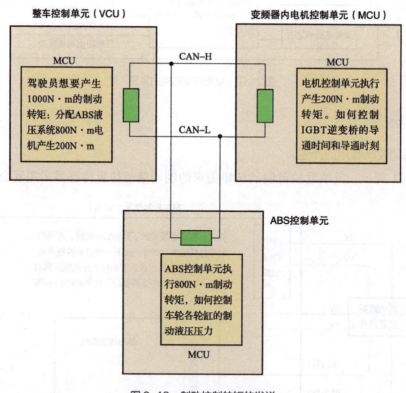

图2-12 制动控制转矩的发送

(3)制动系统控制转矩实现

如图2-13所示,ABS/ESC系统查得要产生800N·m的力矩需要这个车轮(假如为左前轮)的制动压强为8MPa,ABS液压泵电机工作实现压力的产生,并通过打开的进液电磁阀进入车轮,实现压强增大。

左前车轮液压通道内的压力传感器监测液压压强,如果压强大于8MPa(图2-13为8.1MPa)时,ABS/ESC控制单元控制进液阀关闭,阻止高压液体进入车轮的液压通道内,并将出液阀打开回液,降低液压通道内压强。通过进液阀和出液阀的数字化控制,实现车轮的压强趋于8MPa。

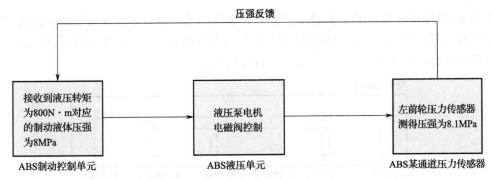

图2-13 制动系统控制转矩实现

(4)电机制动控制转矩实现

如图2-14所示,电机控制单元(Motor Control Unit,MCU)收到200N·m这个任务后,开始计算电机对应的电流是多少,而对应这个电流的IGBT导通时间和时刻是什么。电机控制单元控制IGBT驱动电路,IGBT驱动电路驱动IGBT逆变桥下桥臂的三个IGBT实现汽车电机定子电流的控制。电机的相电流传感器将电流反馈给电机控制单元从而进行微小的IGBT导通时间修正,实现电机精确的电流反馈控制。

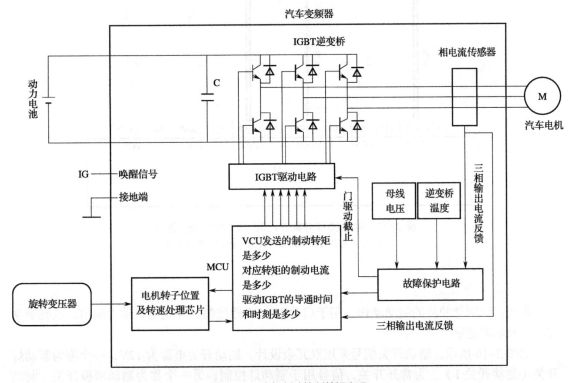

图2-14 电机制动控制转矩实现

三、整车控制信号诊断

1. 加速踏板位置信号

作用：反映驾驶员的驾驶意图，踏板踩下越深，驾驶员的加速要求越强，对应汽车动力输出越强。

如图 2-15 所示，加速踏板位置传感器通常采用双冗余设计来实现自诊断，因为是同一个加速踏板位置，尽管是两个不同电压信号输出到整车控制器（VCU）经数字化后仍代表同一加速踏板位置，加速踏板位置信号通常用百分数表示。

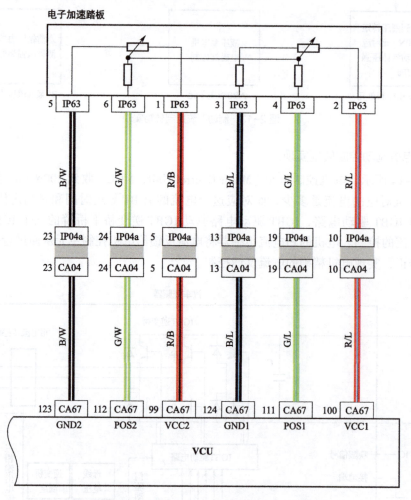

图 2-15　吉利 2017 年款 EV300 纯电动汽车电路图 1
VCC—电源 5V　GND—接地　POS—信号输出

2. 制动开关信号

作用：识别驾驶员的制动动作，用于启动 READY 档控制，停止电机动力输出，点亮制动灯，以及取消巡航。

如图 2-16 所示，制动开关信号采用双冗余设计。制动开关电源为 12V，一个称为制动灯开关（制动开关 1），为常开开关，信号用于制动灯控制；另一个称为制动踏板开关（制动开关 2），为常闭开关，信号用于取消巡航控制。在驾驶员踩下制动踏板时，制动灯开关常开变闭合，制动踏板开关常闭变断开。

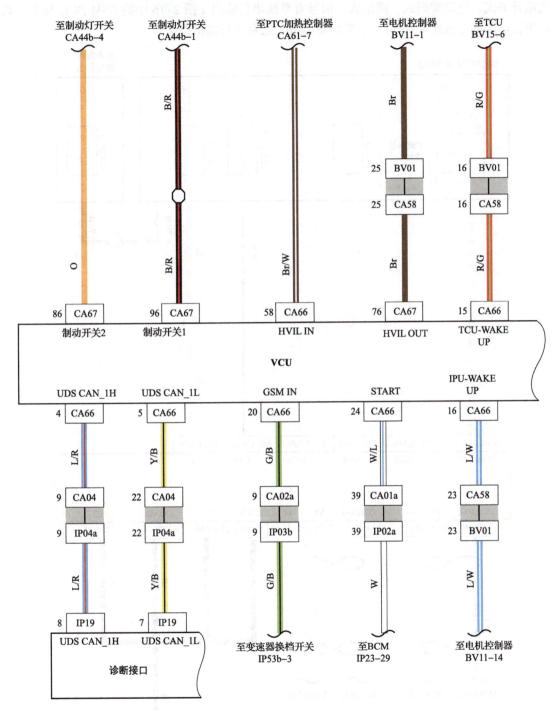

图 2-16　吉利 2017 年款 EV300 纯电动汽车电路图 2

3. 变速杆位置信号

作用：识别驾驶员对变速杆的控制，R 位为倒车档，控制电机反转输出；N 位为空档，停止电机动力输出；D 位实现前进档，控制电机正转输出；P 位为驻车档，停止电机输出，并控制锁止驱动轮。

如图 2-17 所示，变速杆位置信号为开关信号，一般大多采用双冗余设计，有开关式、光电开关式、电阻编码式、霍尔式。信号有单线串行输出（图 2-16 中的 GSM IN 信号）、双线串行输出型（也称 CAN 型）、多线输出型（也称并行输出型）。

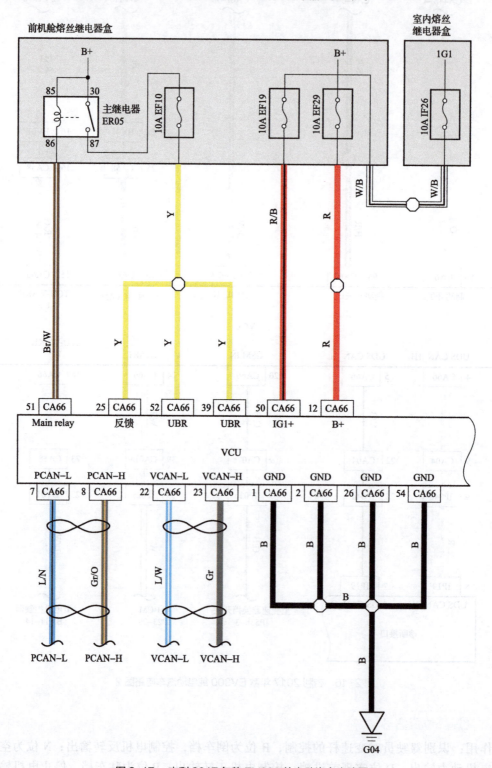

图 2-17　吉利 2017 年款 EV300 纯电动汽车电路图 3

4. 总线信号

作用：通常起网关的作用，诊断仪通过网关与车上其他控制单元通信。

图 2-17 中的 PCAN 和 VCAN 分别是动力总线 CAN 网络与车辆电气 CAN 网络。

5. 互锁信号

作用：在高压产品被开盖或高压产品的低压控制插接器、高压供电插接器断开时。当识别出互锁开关断开后，整车控制器通过断开高压上电继电器的供电保证人员和汽车设备安全。具体见本项目任务二中的互锁信号电路相关内容。

四 纯电动汽车冷却控制

1. 热量的产生

（1）电动汽车的电机生热

电机定子线圈铜损和电机涡流损耗都会生热，这部分热功率大小与电机的定子线圈流过的电流大小有关，也与电流的频率大小有关，两者越大，产生热损数量越大，最大时可达到几千瓦，是全车的主要热源。

电动汽车电机的温度测量点设计在电机的定子线圈内部，通常采用一个或两个温度传感器进行测量，两个温度传感器可以实现冗余控制。

（2）电动汽车的电力电子元件生热

1）变频器生热。在进行直流/交流变换过程中，变频器的三相全桥逆变器变换中会产生热功率，热功率在几十瓦到几百瓦之间，是电力电子元件生热功率最大的元件。

2）DC/DC 变换器生热。在进行直流/直流变换过程中，DC/DC 变换器的 H 型逆变桥电力电子开关元件及变压器元件等都有热量产生，热功率从几十瓦到一二百瓦。

3）车载充电机内部的电力电子变换元件。车载充电机内部的电力电子变换元件在进行交流/直流变换中要有一定的热功率产生，热功率在几十瓦到一二百瓦之间。

4）PTC 加热器内部的电力电子变换元件。PTC 加热器并不是需要散热的热源，但电动 PTC 加热器在加热时的电力电子元件也会生热，产生的热功率最大几十瓦，是需要散热的热源。

变频器、DC/DC 变换器、车载充电机及 PTC 加热器的温度测量点通常设计在电力电子开关模块内部或直接测量散热器的散热板，通常采用多个温度传感器对不同位置进行测量，既可实现传感器冗余控制功能，也有局部损坏异常的监测功能。

> **专家指导**　电机是电动汽车的主要热源，但电机本身允许的工作温度比电力电子元件高，所以在进行温度控制时，以电力电子元件产品中测量的温度和允许的温度作为冷却控制的主要依据。

内置在电动压缩机内部的三相全桥逆变器也是热源之一，但可以通过流过电动压缩机的制冷剂冷却，不用额外制定冷却措施，即不用水泵和风扇参与工作。

2. 软关断

电动汽车冷却系统某温度监测点出现急剧的温度上升，相应的控制器 ECU 会关断相应的电力电子变换的驱动。

> **技师指导** 在实际工作中，由于冷却液不足、水泵不工作、风扇不工作、电力电子元件和散热板之间传热不良等导致软关断的情况较多，这种情况只要进行散热能力处理即可解决。

3. 电动水泵控制

在点火开关打到 READY 后，全车的高压元件处于电力电子变换的等待状态，这时虽没有大量的热量产生，通常电动水泵已工作，使冷却液在冷却水道中循环。

水泵电机的控制有开关控制和 PWM 脉冲控制两种。

4. 电动冷却风扇转速等级

为实现汽车电机、变频器、DC/DC 变换器、车载充电机和 PTC 加热器等冷却而组成的冷却系统简称为电动汽车冷却系统，这个冷却系统的执行器有电动冷却水泵和电动冷却风扇。

> **专家指导** 电动冷却风扇的转动受冷却系统和空调系统两个系统共同控制，电动冷却风扇电机转速等级按两者所确定输出的最高等级进行控制。电动冷却风扇转速等级有低速和高速两级式和多级转速控制两种。

任务二　高压互锁控制与诊断

为实现电动汽车的高压元件在修理人员操作时的安全，也为避免非专业修理人员的强行错误操作产生电击，电动汽车在高压元件上设计有互锁开关。

一　互锁开关分类

1. 高压互锁开关与低压互锁开关

按照从互锁线路经过的插头种类进行分类，分为高压互锁开关（插头）和低压互锁开关（插头）。

> **专家指导** 互锁开关是为高压元件设计的，应统一称为高压互锁开关，但从修理角度人们习惯分为低压互锁开关和高压互锁开关。

（1）高压互锁开关

高压互锁开关也称高压互锁插头。第一种情况是指高压元件的外部高压电缆插头上的 U 形线，这段 U 形线在脱开高压电缆与高压元件壳体时，高压元件壳体上高压插座的互锁线路被断开。第二种情况是指高压元件外壳体为防止非专业人员在未下高压电的情况下进行强拆造成触电危险，在高压元件的内部增加微动开关或 U 形线，当高压元件壳体盖子被拆下时，微动开关或 U 形线断开，高压互锁线路被断开。

（2）低压互锁开关

低压互锁开关也称低压互锁插头，是指为实现高压元件的外部高压电缆插头上的 U 形连接或高压元件的开盖防护而从高压元件的外部壳体低压插头处接入的互锁线，低压互锁插头脱开高压互锁线路被断开，高压互锁线路被断开。

2. 一套互锁线路与多套互锁线路

根据高压互锁线路是否全部经过所有高压部件，分为一套互锁线路和多套互锁线路。

（1）一套互锁线路

一套互锁线路是指全车所有的高压元件，如 VCU、车载充电机、电池箱、变频器、电机、空调压缩机、PTC 加热器、DC/DC 转换器等高压元件全部串入这套互锁线路中。通常采用 VCU 作为互锁线路的监控单元。

（2）多套互锁线路

多套互锁线路是指全车所有的高压元件，如 VCU、车载充电机、电池箱、变频器、电机、空调压缩机、PTC 加热器、DC/DC 转换器等高压元件分布到几套互锁线路中。通常采用 VCU、车载充电机、电池管理系统作为各套互锁线路的监测。

3. 精确判定元件断开位置

根据是否能精确判定高压断开位置，高压互锁线路分为只判定高压互锁电路有断开，而不判定哪个元件断开和能精确判定元件断开位置两种。

（1）不能精确判定元件断开位置

目前，大多数高压互锁线路通常是这样的结构。

（2）能精确判定元件断开位置

通过电阻编码可实现元件位置断开的精确监测，甚至能在诊断仪中用图形显示元件的断开位置。

4. 直流电压型与脉冲电压型

根据互锁检查线路的信号源的信号型式可分为直流电压型和脉冲电压型。

如果互锁开关电路的信号源是一个稳定的直流电压源，则称为直流电压型；如果互锁开关电路的信号源是一个脉冲电压源，则称为脉冲电压型。

二 典型互锁开关电路

图 2-18 所示为典型电动汽车的互锁电路。其工作原理如下：车辆控制单元（VCU）内的恒压源 LM2576 经上拉电阻 R_1 输出电流，电流经低压插座进入变频器内部，经变频器内部一个开盖检测开关后再经低压插座流出进入车载充电机的低压插件流入，经高压插座内的 U 形线和开盖检测开关进入电动空调压缩机总成的低压插件流入，经高压插座内的 U 形线流出，再经低压插件流出进入空调 PTC 加热器总成的低压插件，经高压插座内的 U 形线流出，再经低压插件流出，可直接接地，也可接回车辆控制单元（VCU）。互锁检测电路

信号经 R_2 进入比较器，参考电压为 2.5V。当互锁线路没有断开时，经 R_2 输入到比较器的电压为 0V。当互锁线路有断开时，经 R_2 输入到比较器的电压为 5V。

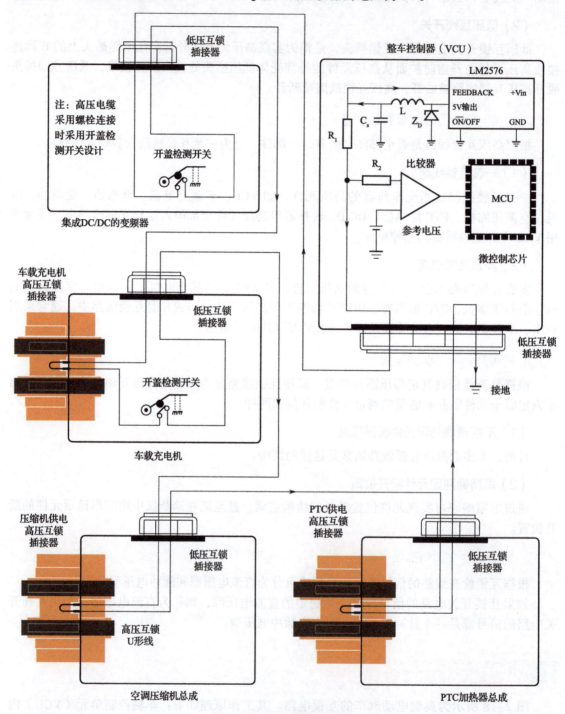

图 2-18 典型互锁开关电路

> **技师指导** 有的电动汽车将充电机（OBC）的开盖互锁开盖开关作为车载充电机的一个独立互锁电路，由车载充电机控制单元进行管理。对于电池和检修塞通常也采用一个独立的互锁系统，由电池管理系统进行管理。

三 互锁开关的诊断

1. 确定互锁开关是否上码

有些电动汽车在设计上出现高压元件被开盖、断开高压线束和低压线束时,车辆控制单元(VCU)会生成故障码并点亮车辆控制单元(VCU)故障灯(红色带有叹号的车辆形灯)。

但是也有一些车型在设计上出现高压互锁电路断开时,并不点亮车辆控制单元(VCU)故障灯。

2. 互锁开关的测量

(1)电压法

如图2-19中a、b、c、d、e、f、g、h、i、j、k点,分别测b、d、f、h对地是否有5V电压,

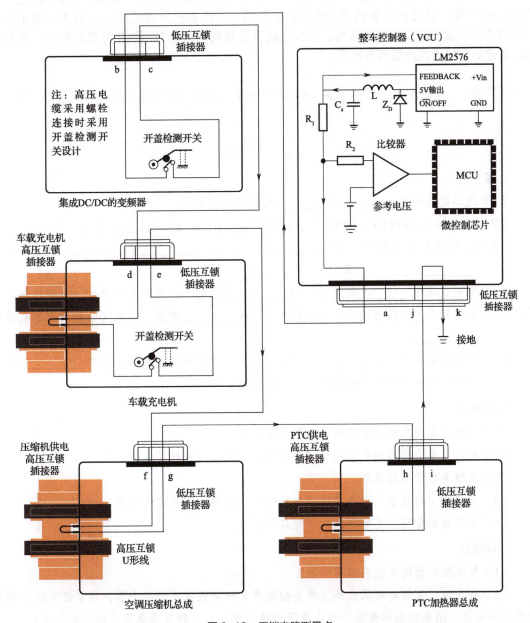

图2-19 互锁电路测量点

没有则上一段互锁线路有断开。这样测量的原因是断开低压元件的插头后，低压插头的互锁输入对地是有 5V 电压的。要注意，插头脱开后，输出的互锁线是无电压的。例如：集成 DC/DC 的变频器的低压互锁插接器脱开后，测插接器的 b 引脚对地是有 5V 电压，插上集成 DC/DC 的变频器的低压互锁插接器，再脱开车载充电机的低压插接器测 d 引脚对地是有 5V 电压。若没有 5V 电压，说明故障在集成 DC/DC 的变频器段。

再将万用表切换成电阻档，表笔分别接在 b、c 点上，用手按压开盖检测开关，检查是开关损坏了，还是开关的安装位置发生了变化，以及附近线路是否有断开。

（2）电阻法

互锁电阻法：测量时需要断开蓄电池负极，对互锁线路进行逐段测量。方法是从最后一个元件开始，即从 PTC 加热器总成开始，脱开低压互锁插接器，测量 i 点对地的电阻应为 0Ω，插上低压互锁插接器。脱开空调压缩机总成的低压互锁插接器，测量 g 点对地的电阻应为 0Ω，若不是，则是 PTC 加热器总成段出了故障。再将表笔分别接在 h、i 点上，用手上托 PTC 加热器总成的高压互锁插接器，确保插接器连接到位。若高压插接器连接到位，应检查 PTC 加热器总成内线路是否有断开。

> **专家指导**　上述是理论的检修方法，实际操作仍要结合车型测量是否方便确定实际方案。

复习题

1. 填空题

（1）汽车的行为是_____和_____共同控制的结果。

（2）Vehicle Control Unit（VCU），译为"_____"或"_____"。

（3）电动汽车的高压部件有_____、_____、_____、_____、_____、_____、_____等。

（4）驾驶员踩下_____将驾驶员的_____需求输入给车辆控制单元，车辆控制单元根据动力电池状态输出一个电机转矩控制_____数值，并把这个控制目标数值发给_____。

（5）电机控制单元位于_____内部，电机控制单元控制变频器内部的_____实现供给电机的电流产生电机转矩与控制目标数值相等。

2. 判断题

（1）电动汽车电机的行驶工况使电机更易生热。（　　）

（2）电动汽车变频器的电力电子元件生热功率较小，因此不需要冷却。（　　）

（3）互锁电路是高压电路。（　　）

（4）互锁线上的信号可以是蓄电池电压信号，也可以是占空比信号。（　　）

（5）互锁线测量可以是电压法，也可以电阻法。（　　）

3. 简答题

（1）整车控制器的控制内容有哪些？

（2）有人说"互锁电路从线路上看是控制单元和导线组成的一个环，那么断开这个环后形成两个端点，用电阻档测量两个端点电阻应该为零"。这种说法是否正确？为什么？

项目三
锂离子电池认知与故障诊断

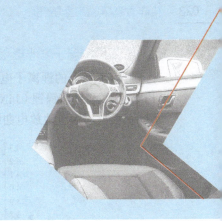

➡ 情境引入

车主说:"听说我这辆电动车采用的是三元锂离子电池,请问小林师傅什么是三元锂离子电池呢?有什么优点和缺点?"小林陷入了沉思。

➡ 学习目标

1. 能说出三元锂离子电池的特点。
2. 能说出磷酸铁锂电池的特点。
3. 能说出全固态锂离子电池的特点。
4. 能说出吉利电池箱内电池的特点。
5. 能画出电池箱的内部结构示意图。
6. 能说出电池箱的制冷和制热原理。
7. 能更换纯电动汽车电池箱。
8. 能更换纯电动汽车电池箱内的一组电池。

任务一 锂离子电池认知

一 锂离子电池组成及原理

现在实用商品化的纯电动汽车都采用锂离子电池,就目前情况来判断,未来很长一段时间仍将使用锂离子电池。

1. 锂离子电池组成

锂离子电池主要由电极、隔膜、电解质和外壳组成。正极主要为含锂的化合物,常见的正极材料包括钴酸锂(LCO)、锰酸锂(LMO)、三元材料(NCM)、磷酸铁锂(LFP)等。负极大多采用石墨作为负极材料。隔膜是一层具有电绝缘特性的物质,它可以把正负极分隔开,具有使电解质中离子通过的能力。常用的电解液通常为有机物。外壳有钢壳和铝塑膜,其中铝塑膜大多由耐磨层、铝层、防腐蚀层、粘结层几部分组成,其中耐磨层是电池的外表面,可以防止汽车长期运行中电池位置错动引起的磨损,铝层可以起到防止水分进入的作用。

下面重点介绍普通锂离子电池、磷酸铁锂($LiFePO_4$)电池和固态锂离子电池三种。

2. 不同锂离子电池特点

目前市场上的锂离子电池正极材料主要是钴酸锂（$LiCoO_2$），另外还有少数采取锰酸锂（$LiMn_2O_4$）和钴酸镍锂（$LiNiCoO_2$）以及三元材料 [$Li(NiCo)O_2$] 作为正极材料的锂离子电池，不同正极材料锂电池放电曲线如图 3-1 所示。

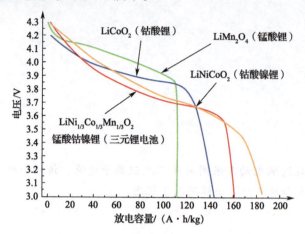

图 3-1 不同正极材料锂电池放电曲线对比

普通锂离子电池有如下优点：

1）普通单体电池工作电压高达 3.7V，电压是镍氢电池的 3 倍，是铅酸电池的近 2 倍。

2）重量轻，比能量大，高达 150W·h/kg，是镍氢电池的 2 倍，铅酸电池的 4 倍，因此重量是相同能量的铅酸电池的三分之一到四分之一。

3）体积小，高达到 400W·h/L，体积是铅酸电池的二分之一到三分之一。

4）提供了更合理的结构和更美观的外形设计条件、设计空间和可能性。

5）循环寿命长，循环次数可达 1000 次。以容量保持 60% 计，电池组 100% 充放电循环次数可以达到 600 次以上，使用年限可达 3~5 年，寿命约为铅酸电池的 2~3 倍。

6）自放电率低，每月不到 5%。

7）允许工作温度范围宽，低温性能好，锂离子电池可在 -20~+55℃ 之间工作。

8）无记忆效应，因此每次充电前不必像镍镉电池、镍氢电池一样需要放电，可以随时随地进行充电。

9）电池充放电深度高，对电池的寿命影响不大，可以全充全放。

10）无污染，锂电池中不存在有毒物质，因此被称为"绿色电池"。

钴酸锂电池和三元材料锂电池具有重量更轻、体积更小等优点，但是这种电池不是特别适合用作动力电池。另外，钴酸锂电池的主要原材料金属钴元素在我国储量极少，目前 80% 的金属钴元素基本靠进口，在我国难以大规模使用。最后，由于这种锂电池比能量高、材料稳定性差，容易出现安全问题，如果单体容量过大，一旦产生爆炸将十分危险。不过最近几年电动汽车电池生产技术的提高，大量采用三元材料锂电池的电动汽车越来越多。

3. 磷酸铁锂

1997 年美国人发现磷酸铁锂（$LiFePO_4$）模型，发现磷酸铁锂是适合做动力电池的一种材料，从下面磷酸铁锂电池性能优点我们可以看出，磷酸铁锂电池是目前适合用于电动汽车产业化运用的锂离子电池。磷酸铁锂电池优点如下：

1）高效率输出。标准放电为 2~5C、连续高电流放电可达 10C，瞬间脉冲放电（10s）可达 20C。

2）高温时性能良好。外部温度 65℃时内部温度则高达 95℃，电池放电结束时温度可达 160℃，电池的结构安全、完好。

3）安全性好。即使电池内部或外部受到损伤，电池不燃烧、不爆炸。

4）循环容量大。经 500 次循环，其放电容量仍大于 95%。

传统的锂离子电池的有机电解液存在耐热性问题。因为有机电解液具有挥发性，所以操作温度最高限制在 60℃左右。如果没有冷却系统，在高温环境中无法使用传统的锂离子电池。要应用于高温环境，需要研发出不易挥发的固体电解质。然而，固体电解质的锂离子传导性比有机电解液低，必须降低全固态锂离子电池的内阻才能投入商用。

4. 全固态锂离子电池

所谓全固态锂离子电池，简单来说就是指电池结构中所有组件都是以固态形式存在，而如今传统的商品化的锂离子电池则是液态锂离子电池，即电解液是液态溶液状。具体来说就是把传统锂离子电池的液态电解液和隔膜替换为固态电解质，一般是以锂金属为负极，也可是石墨类及其他复合材料，结构如图 3-2 所示。

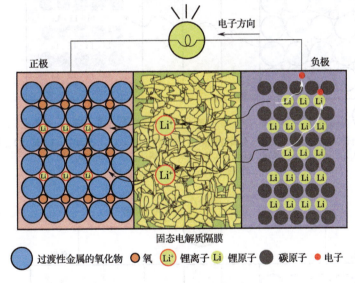

图 3-2　固态锂离子电池放电原理

对比各自的优缺点如下。

（1）液态电解质

优点：工业化自动化程度高；较好的界面接触；充放电循环电极膨胀相对可控；单位面积的导电率高。

缺点：易挥发易燃烧的电解质导致其安全/热稳定性较差；依赖于形成 SEI 膜；锂离子和电子可能同时传导。

（2）全固态电解质

优点：高安全/热稳定性（针刺和高温稳定性极好，可长期正常工作在 60~120℃条件下）；可达 5V 以上的电化学窗口，可匹配高电压材料；只传导锂离子，不传导电子；由于固态电解质存在，可以在电池内串联组成高电压的单体电池；简化冷却系统，提高能量密度；可使用在超薄柔性电池领域。

缺点：充放电过程中界面应力受影响；单位面积离子电导率较低，常温下比功率差；成本极为昂贵；工业化生产大容量电池有很大困难。

5. 锂类电池通用原理

无论是高压（3.7V）锂离子电池，还是低压（3.2V）锂离子电池，其基本原理是相同的。各种锂离子电池内部主要由正极、负极、电解质及隔膜组成，正负极及电解质材料的不同工艺上的差异使电池有不同的性能，尤其是正极材料对电池的性能影响最大。

图 3-3 所示为锂离子电池结构与充、放电工作原理。其中，图 3-3a 所示为锂离子电池

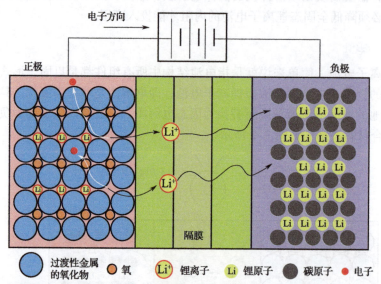

过渡金属（元素周期表中B族元素）氧化物（金属型酸根）：钴酸锂（$LiCoO_2$）、锰酸钾（$LiMn_2O_4$）、镍酸锂（$LiNiO_2$）、钴镍酸锂（$LiNiCoO_2$）、三元材料（NCM：$LiNi_{1/3}Co_{1/3}Mn_{1/3}O_2$）、磷酸铁锂（$LiFePO_4$）等

a）锂离子电池充电工作原理

过渡金属（元素周期表中B族元素）氧化物（金属型酸根）：钴酸锂（$LiCoO_2$）、锰酸钾（$LiMn_2O_4$）、镍酸锂（$LiNiO_2$）、钴镍酸锂（$LiNiCoO_2$）、三元材料（NCM：$LiNi_{1/3}Co_{1/3}Mn_{1/3}O_2$）、磷酸铁锂（$LiFePO_4$）等

b）锂离子电池放电工作原理

图 3-3 锂离子电池结构与充、放电工作原理

充电工作原理，充电时磷酸铁锂（LiFePO$_4$）电池中，磷酸铁锂（LiFePO$_4$）作为电池的正极，由铝箔与电池正极连接，中间是聚合物的隔膜，它把正极与负极隔开，锂离子 Li$^+$ 可以通过而电子 e$^-$ 不能通过，右边是由碳（石墨）组成的电池负极，由铜箔与电池的负极连接。电池的上下端之间是电池的电解质，电池由金属外壳密闭封装。磷酸铁锂（LiFePO$_4$）电池在充电时，正极中的锂离子 Li$^+$ 通过聚合物隔膜向负极迁移。在放电过程中，负极中的锂离子 Li$^+$ 通过隔膜向正极迁移（图 3-3b）。锂离子电池就是因锂离子在充放电时来回迁移而命名的。

> **技师指导** 锂离子电池中正极是由含有锂离子的金属氧化物组成，负极一般是石墨构成的晶格，充电时锂离子由正极向负极一端移动，最终嵌入由石墨构成的稳定的晶格中。可以容纳锂离子的晶格越多，可以移动的锂离子越多，电池容量越大。

二 动力电池箱

1. 动力电池箱组成

动力系统（电力驱动系统）的动力电池部分包括动力电池箱、锂离子动力电池本身、高压配电箱、动力电池管理系统。电池管理系统的主要监测内容如下：

1）每一块锂离子电池的电压。
2）电池的充电电流或放电电流。
3）电池箱内的温度，负责在锂离子电池过冷时加热电池，在电池过热时通过降温的温度管理系统。
4）高压配电箱中各继电器开关闭合或断开的反馈信号。

当高压绝缘检测功能不独立成控制器时，高压绝缘检测也由电池管理系统完成，输入信号增加漏电电流检测功能。

2. 电池箱标牌

图 3-4 所示为吉利（GEELY）帝豪 EV300 纯电动汽车的电池箱标牌。电池采用三元锂离子电池，电池供应厂家为宁德时代（CATL）。

电池的标称电压为 346V，电池容量为 120A·h，电池的重量为 416kg。用电压（V）×容量（A·h）=346×120=41.52kW·h，即可充入 41.52kW·h 的电能。

3. 电池箱盖

为了在汽车车身下侧布置电池箱，电动汽车电池箱一般设计成如图 3-5 所示的样子，这样最大程度增加了电池的数目，不会特别影响底盘的通过性。

图 3-4 电池箱标牌

图 3-5 电动汽车电池箱及电池箱举升机的外观

电池箱的上盖一般采用玻璃钢材料制作，重量轻，电绝缘和热绝缘效果好。

电池下部底托板采用金属制作，在底托板的外缘设计有与车身底部连接的螺栓孔，通过大量的螺栓将电池箱连接在车身底侧上。

将电池箱从车上抬下或抬上要采用电池的举升机（图3-5）来辅助完成，没有电池举升机是十分困难和相当危险的。

4. 电池箱分解

在分解电池箱前，为了安全起见，一定要取下检修塞，并妥善保存，以防被误插回。拆下锂离子电池上盖的沉头螺栓（图3-6），再拆下上盖和下托板间的大量螺栓即可取下上盖。

在进行车辆高压系统检修时，要拔下电池箱上的检修塞插头后，才能安全地在汽车高压上作业。检修塞内装有银质直流熔丝，检修塞和检修塞座之间的插拔是有次数限制的。

在要拆开电池箱时，也必须将检修塞从检修塞座取下（图3-7），并妥善保管。

图3-6 内置熔丝的检修塞插头位置

图3-7 拔下内置熔丝的检修塞插头

如何拆开电池箱的上盖？首先，取下电池箱检修塞位置的4个沉头螺栓（图3-8），在电池箱后侧抬起，并向前推上盖，保证前部高压电缆引出座从电池上盖中让出，取下上盖，可见到如图3-9所示的电池箱内部结构。

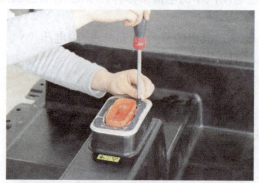

图3-8 取下电池箱检修塞位置的4个沉头螺栓

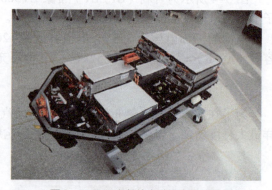

图3-9 取下上盖的电动汽车电池箱

5. 锂离子电池的成组化

电池箱内的动力电池通常采用多个电池并联增大容量，这些并联的电池再串联成为一组（图3-10），多组电池再串联成为电池箱内的动力电池。

什么是电池组的3P5S或3P6S？比如吉利的电池组分成两种，一种是3P5S，另一种是

3P6S。3P 即 3 个 40A·h 的锂离子电池并联成为 120A·h，P 为并联（Parallel），5 个这样的 120A·h 电池串联成为一组，S 为串联（Serial）。同理，3P6S 是 6 个这样的 120A·h 电池串联成为一组（图 3-11）。采用 3P5S 和 3P6S 分组是根据底盘所能允许的空间决定的，设计者是想设计成一个同样的组，但由于空间限制，设计成两组样式更适合电池箱的形状。

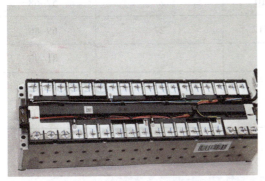

图 3-10 三并六串的一个电池组

图 3-11 电池的串并联

不同电池组之间通过橙色扁电缆连接形成组与组的串联。为了对不同组做区别，要在电池的侧面标出电池是如何串联的，同时电池组之间也要编号，比如 M1、M2 至 M17，而具体的两种组的结构如图 3-12 所示。

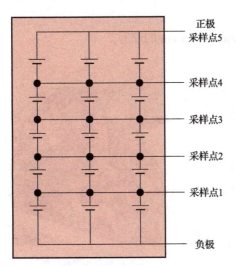

a）3P5S 三并五串电池组结构
（吉利 EV300：M1/M2/M13/M14/M15/M16/M17）

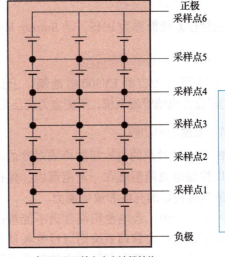

b）3P6S 三并六串电池组结构
（吉利 EV300：M3/M4/M5/M6/M7/M8/M9/M10/M11/M12）

吉利 EV300 电动汽车的电池的两种串并联结构

图 3-12 吉利 EV300 电动汽车的电池的两种串并联结构

表 3-1 列出了吉利电动汽车 EV300 的电池箱说明。

表 3-1 吉利 EV300 电池箱说明

采集盒型	电池并串形式 3P5S	电池并串形式 3P6S	CAN 总线端电电阻 /kΩ	电池故障编号查询
CSC1（尾号 37）	M1、M2		27	1~10
CSC2（尾号 45）		M3、M4	27	11~22
CSC3（尾号 45）		M5、M6	27	23~44

(续)

采集盒型	电池并串形式 3P5S	电池并串形式 3P6S	CAN 总线端电电阻 /kΩ	电池故障编号查询
CSC4（尾号 45）		M7、M8	27	45~56
CSC5（尾号 45）		M9、M10	27	57~68
CSC6（尾号 45）		M11、M12	27	69~80
CSC7（尾号 37）	M13、M14		27	81~90
CSC8（尾号 38）	M15		27	91~95
CSC9（尾号 46）	M16、M17		27	96~115

任务二　电池管理系统功能及故障诊断

一　电池管理系统功能

1. 电池管理系统简称

电池管理系统简称为 BMS，是 Battery Management System 的缩写。

2. 电池管理系统自诊断功能

图 3-13 所示为吉利 EV300 电池箱，上侧写有 CATL 的黑盒为电池管理系统，下侧盒为高压配电箱。

（1）温度控制功能

BMS 可通过对热的电池箱制冷或对冷的电池箱加热，以控制电池箱温度在一定范围内，保持电池箱内电池具有良好的充电和放电能力。

在一定时间内，若电池箱温度仍不能被控制到正常温度范围，电池管理系统则通过变频器对电机进行限流，并生成故障码存储在电池管理系统，并点亮仪表故障灯。

图 3-13　上侧黑盒为电池管理系统，下侧盒为高压配电箱

（2）高压配电箱继电器控制和诊断功能

电池箱内通常设计有高压配电箱，配电箱内有控制电池直流输出的继电器、直流充电隔离继电器等，这些继电器要由电池管理系统控制，同时这些继电器的诊断也由电池管理系统完成。

电池管理系统 ECU 的实物如图 3-14 所示，电池管理系统 ECU（CATL 宁德时代供货）上两端口为继电器开关监测端口。

电池管理系统对供电继电器组和充电继电器组进行控制和故障监测（图 3-15），继电器由正极主继电器、正极预充继电器、负极主继电器、直流充电预充继电器、直流充电隔离继电器组成，如图 3-16 所示。

图 3-14 电池管理系统 ECU

图 3-15 上电继电器组控制和故障监测

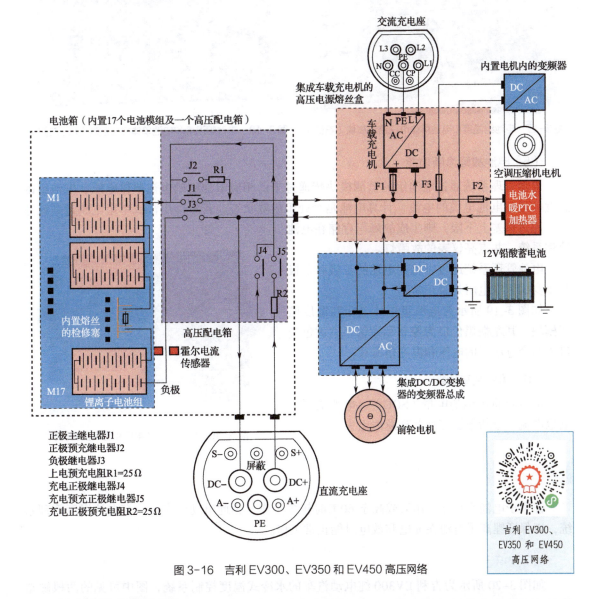

正极主继电器J1
正极预充继电器J2
负极继电器J3
上电预充电阻R1=25Ω
充电正极继电器J4
充电预充正极继电器J5
充电正极预充电阻R2=25Ω

图 3-16 吉利 EV300、EV350 和 EV450 高压网络

吉利 EV300、EV350 和 EV450 高压网络

（3）电池 SOC 计算

电池串联充电，各电池电流相同；电池串联放电，各串联电池放电电流也相同。电池管

理系统通过电池总电压确定一个初始容量值,以后的容量根据充电和放电的电流积分来确定容量是下降还是上升了。

(4)电池电压和温度测量功能

BMS可利用电池组的电压采集模块采集电池电压和电池温度。图3-17所示为车身右侧电池组温度和电池单体电压监测模块,共有CSC1、CSC5、CSC6、CSC9四个模块。图3-18所示为车身左侧电池组温度和电池单体电压监测模块,共有CSC2、CSC3、CSC4、CSC7、CSC8五个模块。

图3-17 电池组温度和电池单体电压监测模块(右侧)　　图3-18 电池组温度和电池单体电压监测模块(左侧)

(5)电池故障诊断功能

电池管理系统通过电池组的监测模块传递过来的相应电池组的电池单体电压、电池组的温度,通过电池电缆的电流,计算电池是否处于故障状态。若单体电池或单组电压过高或过低,超过偏差上下限,则生成故障码存储在电池管理系统,并点亮仪表的故障灯。

电池管理系统还可以检查电池的正极和负极与车身的绝缘电阻是否正常。

如图3-19所示为电池组单体电压和温度监测模块,其左端黑色口为控制和通信,右黄色端口为两个电池组的电压和温度信号线。

(6)信息共享功能

BMS可将电池的电量(SOC)、电池电压、电池电流、诊断数据等加载到总线上去。

图3-19 电池组单体电压和温度监测模块

二 电池箱温度管理系统诊断

锂离子电池在低于-10℃或高于60℃时较难工作,为此电动汽车有一套电池温度管理系统,以保证锂离子电池在充电和放电时能正常工作。

1. 动力电池冷却

如图3-20所示为吉利EV300纯电动汽车的水冷式温度控制系统,图中可见的两根硬塑管是热或冷的冷却液的进出管。电池的制冷和制热通过图3-21所示的两个交换器来完成,左侧为电池加热,右侧为电池冷却。

图 3-20 吉利 EV300（2017 款）电动汽车电池箱冷却液管（左进右出）

图 3-21 左侧银白色为 PTC 加热的热交换器，右侧银白色为空调制冷的冷交换器

电池箱中的电池冷却路径如图 3-22 所示。电池的加热过程如下：电池储液罐内装有冷却液，冷却液经车底下侧的电池温控冷却液泵加压工作，冷却液经电池热交换器，因为 PTC 加热器没有向电池热交换器提供热的冷却液，所以冷却液温度不变。冷却液继续流动过程中经电池冷交换器，自动空调的制冷剂流经电池冷交换器，制冷剂温度传递给冷却液，冷却液温度降低，冷却液流经装有进水温度传感器的电池进水管，经 M16、M17 电池组加热器进入，经 M1、M14、M13 电池组回流到电池温控冷却液泵入口处，形成一个循环。M1 至 M17 为锂离子电池组，包括 3P5S 或 3P6S 两种。

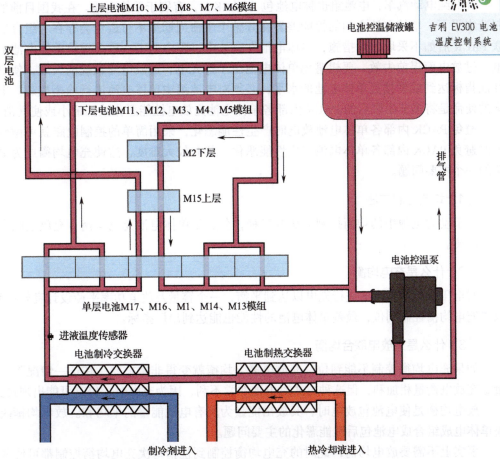
图 3-22 吉利 EV300 电池温度控制系统

当冷却液中有气体时，气体从电池温控冷却液泵的出口向上将气体导入电池储液罐上部。

2. 动力电池加热

电池的冷却过程如图 3-22 所示：电池储液罐内装有冷却液，冷却液经车底下侧的电池温控冷却液泵加压工作，冷却液经电池热交换器，PTC 加热器工作向电池热交换器提供热的冷却液，热交换后，升高温度的冷却液继续流经电池冷交换器，自动空调的制冷剂不流经电池冷交换器，没有冷热交换过程。热的冷却液流经装有进水温度传感器的电池进水管，经 M16、M17 电池组加热器进入，经 M1、M14、M13 电池组回流到电池温控冷却液泵入口处，形成一个循环。

当冷却液中有气体时，气体从电池温控冷却液泵的出口向上将气体导入电池储液罐上部。

3. 电池温度管理系统诊断

电池管理系统通过电池箱电池组上安装的温度传感器、电池箱进口温度传感器识别出电池箱温度是否正常。不正常时通知启动制冷空调或制热 PTC 加热器工作，即电池的温度控制执行器有三类：制冷的空调压缩机和制冷剂切换阀、PTC 加热器、电池温控冷却液泵。

可通过诊断仪读取温度传感器数值，若不正常，比如温度过低时，检查 PTC 加热器是否启动了加热，同时电池温控冷却液泵是否实现了循环。

4. 电池组均衡方法

针对纯电动汽车，电池组也称电池包（PACK），有别于单体电池。在我国目前的锂电池制造水平下，单体电池之间的性能差异在其整个生命周期里不可避免会存在，组合成多节串联 PACK 后如不采取技术措施，单体电池在充放电过程中的不一致会导致单体电池由于过充电、过放电而提前失效。要想避免单体电池由于过充电、过放电导致提前失效，使 PACK 的性能指标达到或者接近单体电池的水平，必须对电池组中单体电池进行均衡控制。电池组均衡的使命是将多节串联后的 PACK 内部各单体电池充放电性能恶化减到最小或使其消失。

避免 PACK 内部各单体电池放电时产生性能恶化，采用简单的控制电路就可做到，但充电时避免 PACK 内部各单体电池产生性能恶化，却有较大难度，这使充电均衡成为 PACK 均衡的一个主要问题。

（1）均衡控制方法

多节动力电池组的均衡控制方法有三种，分别是单体电池充电均衡、充放电联合均衡和动态均衡。

（2）什么是充电均衡

对电压低的单体电池进行充电以达到平衡，一个容量及放电功率平衡设计良好的系统中，只要充电均衡控制到位，最差单体电池的性能也能达到出厂指标。

（3）什么是充放电联合均衡

如果充电均衡控制不能到位，充放电联合均衡就变得非常重要，在这一情况下，总均衡量是充放电衡量相加和，但这种方式对电池非常不利，因为充电时，仍有可能出现过充。

放电均衡是使电池包放电时，其放出能量为所有电池能量的平均和。放电均衡决不能解决单体电成组合成电池包后性能恶化的主要问题。

事实上不需要放电均衡，此时的充电均衡控制到位指每次充电均衡控制都可使最差单体电池的电压回复到充满即可，这一均衡方式下的电池包的各项性能由最差单体电池的性能决定,最差单体电池的性能如果达到出厂指标,电池包各项性能就能达到设计指标。

（4）什么是动态均衡

动态均衡是在锂电的使用和闲置全程中进行的充放电均衡。它可以通过延长均衡的时间来掩盖充放电均衡量不够所产生的问题。在动态均衡下,因为电池每时每刻都在细微均衡,故在充电和放电时所需要的均衡量大幅下降。

5. 电池均衡技术

为了克服电池不一致带来的严重影响,在电池使用中,人们提出了对电池进行均衡的要求。为此,近十几年来,许多电池管理系统（BMS）的研发者,采用了各种各样的方法来进行电池的均衡。归纳起来有以下几种方法：分流法（旁路法）、切断法和并联法。

（1）分流法（旁路法）

在充电时,当某一电池的充电电压超过设定值时,通过并联在该电池的电阻分流该电池的一部分电流,从而达到降低该电池充电电压的目的。这种方案结构复杂,体积大,分流时发热量大,通用性差。此种分流方法,未必非要在电池过电压后才开始分流,可以在电压比平均电压高时就开始分流平衡。

具体工作原理（图3-23）如下：以单体电池 CELL8 为例, VSENSE8 和 VSENSE7 端口

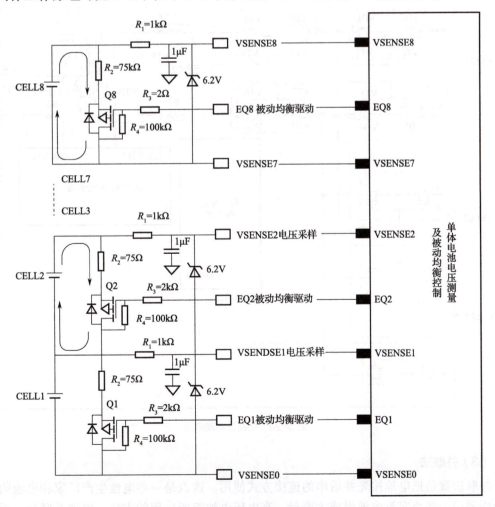

图 3-23 分流法（旁路法）实现电路

用于测量单体电池的电压,从而为控制提供依据。电力场效应晶体管 Q8 和 75Ω 的放电电阻是分流电路,当单体电池电压过高时,电力场效应晶体管 Q8 在 EQ8 端口的驱动下导通,这时单体电池通过放电电阻(R_2=75Ω)把电能消耗掉。

（2）切断法

在充电时,当某一单体电池的充电电压超过设定值时,通过自动控制开关切断该单体电池的电路,同时闭合旁路开关,电流绕过这块电池,继续向下一块单体电池充电。切断法开关个数是单体电池数目的 2 倍。切断法需要充电器配合,要求充电器够动态适应 1 个单体电池到全部单体电池充电的能力,且在切换电池后要能够动态的调整充电电压,充电电流,实现恒流,恒压充电以及浮充等,对充电器的要求比较高。

具体工作原理（图 3-24）如下：右侧 DC/DC 变换器（充电器）主电路在 DC/DC 变换器控制器的控制下实现对左侧电池的充电,VT5、VT6 组成一个双向开关,VT7、VT8 组成一个双向开关,共同为左侧的 8 个单体电池充电,每个单体电池出会有两个双向双开关,例如,图中 CELL8 电池的 VT1 和 VT2 组成的一个双向开关,VT3 和 VT4 组成的一个双向开关（其他单体电池未做标注）,8 个单体电池的 16 个双向开关由双向开关驱动器通过 16 路的总线驱动。

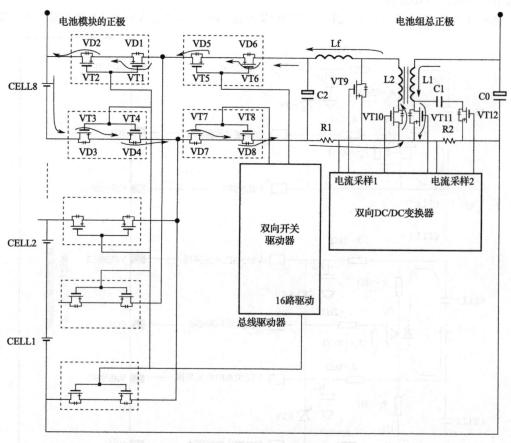

图 3-24 切断法实现电路

（3）并联法

并联法就是把电池按先并后串的连接方式使用。这也是一些电池生产厂家和电池的使用者企图利用一些小容量电池组成大容量、高电压电池组所采用的方法。电池并联后,无法测量各单体电池的电压，因而就无法实施对电池组中各单体电池的监控。可见，用并联法是无法实现电池组各单体电池的均衡效果的。

6. 电池管理系统的故障诊断

故障诊断功能是 BMS 的重要组成部分，它可以在动力电池组工作过程中，实时掌握电池的各种状态，甚至在停机状态下也能诊断动力电池系统的各个部分（包括电池模块）。

故障级别分为一般故障、警告故障和严重故障。

BMS 根据故障的级别将电池状态归纳成尽快维修、立即维修和电池寿命警告等三类信息，传递到仪表板以警示驾驶员，从而保护电池不被过分使用。

（1）启动过程的 BMS 硬件故障诊断

1）传感器信号的合理性诊断。
2）电池组电压信号合理性诊断。
3）启动过程电流信号的合理性诊断。
4）启动过程温度信号的合理性诊断。

（2）行车过程的 BMS 诊断

1）对电压、电流和温度传感器进行诊断。
2）电池组电压一致性故障诊断。
3）电池组充电过程的过电流、过充电、充电电压变化率过大的故障诊断。
4）电池组放电过程的过电流、过放电、放电电压变化率过大的故障诊断。
5）通信系统故障诊断。
6）鼓风机故障诊断。
7）高压电控制故障诊断。

（3）故障诊断的处理

1）分三种不同级别进行（报警、故障与危险）。
2）通过 CAN 总线送至仪表和汽车管理系统。
3）故障诊断结果参与电池实际工作电流的控制。
4）进行高压上下电控制。

任务三　更换电池

一　拆装蓄电池电池箱要点

典型的电池箱拆开步骤如下：

关闭点火开关（图 3-25），车上的控制单元处于对执行器的断电状态，高压配电箱的继电器组线圈断电，继电器触点开关断开。但从安全角度，也从控制单元严禁带电插拔的角度，要断开 12V 铅酸蓄电池，断开 12V 铅酸蓄电池（图 3-26）对全车的供电产生的另一个作用是全车的执行器全部断电，高压配电箱中的供电继电器组也断电，因此在这种情况下操作高压配电箱输出的高压网络是绝对安全的，特别是针对无检修塞的某些国产电动汽车。

图 3-25 关闭点火开关

图 3-26 断开蓄电池

为了更安全起见，防止高压继电器组出现触点粘连，可在高压蓄电池中间串联带有熔丝的检修塞，在通过关闭点火开关或断开蓄电池仍不能给配电箱中的继电器组断电时，可人工取下检修塞断电（图 3-27），以上是为什么要设计检修塞。

在实际高压检查中要带电检查，检修塞是不能取下的，此时要有手套、电工鞋和护目镜等高压防护措施。但在拆开高压部件或从高压网络上拆下某高压部件时一定要拆下检修塞，等待变频器中的高压电容放电后方可进行高压作业，取下检修塞后的电池箱外部高压网络无高压，因此作业时不用高压防护。

放掉冷却系统的冷却液（图 3-28）。在放掉冷却系统的冷却液之前，要确认冷却系统是否带有热交换器，对于如吉利 EV300 电动汽车的冷却系统有热交换器，放掉冷却液时要确认是否是流经电池的冷却液，不要把空调暖风的冷却液放掉，造成不必要的液体损失。

图 3-27 拆下检修塞

图 3-28 放掉冷却系统冷却液

断开电池箱外部的冷却液管、高压电缆、低压控制线束，如图 3-29、图 3-30 所示。通

图 3-29 断开前的电池箱冷却液管、高压电缆和低压控制线束

图 3-30 断开后的电池箱冷却液管、高压电缆和低压控制线束

常这些连接是不会装错的,但要有一定的安放层次,安放层次可在断开前用手机拍照作为恢复的依据。

拆下电池箱和车身的连接,用电池举升车托住电池箱(图 3-31),小心降下举升车。要注意拆下电池的车身是否由于重心变化而不稳(图 3-32),避免车辆从举升机上翻倒掉落。

图 3-31 放好动力电池举升车

图 3-32 拆下电池的车身

二 拆装过程

电池箱内部的拆装过程如图 3-33~ 图 3-38 所示。

图 3-33 装上检修塞防护罩盖(白色)

图 3-34 拆下上盖沉头螺栓

图 3-35 拆下上盖螺栓,抬起上盖后部向前推

图 3-36 拆下上盖的电池箱

图 3-37　取下有故障的电池组

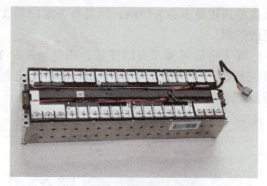
图 3-38　更换有故障的电池组

三　电池箱组装要点

电池箱内电池组装是在电池箱装配间中完成，电池箱是在振动、涉水、沙尘、泥水及冷热环境中工作，因此密封、力矩、原位捆绑、防接触隔离等是非常重要的关键点。

力矩：高压电缆经过的连接点必须按厂家要求的力矩拧紧（图 3-39），不得有丝毫马虎。高压电缆经过的连接点包括高压配电箱上的继电器与电缆之间、电池组与电池组之间、检修塞座与电缆之间等。

原位捆绑：电池与信号采集模块之间的线束连接必须牢固，每个采集模块的固定情况都要分别检查，即用手拉一拉模块是否能有很大的活动量，当活动量大时需重新固定。在电池周围与电池箱壳体之间可能发生碰触或磨损的地方有专门的绝缘胶布来固定线束以防磨损，这些胶布的位置要用手机拍照，在安装后按原样粘回胶布。固定线束的锁紧器位置原车在哪儿，就应在哪儿固定。

电池上盖的内衬布本应与上盖内表面贴合，实际有脱离（图 3-40），在盖上盖时会与控制线束或高压电缆线束有碰触。上盖与电池下托板间的密封条不能有损坏，一旦检查有损坏，要及时更换。

图 3-39　注意关键点的螺栓力矩

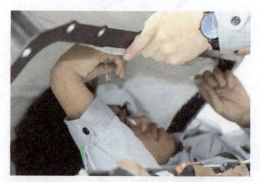
图 3-40　上盖内衬布从上盖上剥离处理

复习题

1. 填空题

（1）锂离子电池主要由_____、_____、_____和外壳组成。

（2）正极主要为含锂的化合物，常见的正极材料包括_____（LCO）、_____（LMO）、_____（NCM）、_____（LFP）等。

（3）负极大多采用_____作为负极材料。

（4）普通锂离子单体电池工作电压为_____V，磷酸铁锂单体电池工作电压为_____V。

（5）3P6S 意思是_____串；_____并。

2. 判断题

（1）带有电解液的锂离子电池耐低温性能较差。（　　）

（2）磷酸铁锂电池比普通锂离子电池更安全。（　　）

（3）磷酸铁锂电池比普通锂离子电池能量密度更高。（　　）

（4）磷酸铁锂电池多用于电动客车。（　　）

（5）三元锂离子电池多用于电动轿车。（　　）

3. 简答题

（1）上网查找三元锂离子中三元成分在电池中的比例对电池性能有何影响。

（2）为什么高压配电箱的上电继电器组的正极线路和负极线路都要使用继电器？

（3）高压配电箱的上电电路为什么要装预充电继电器和预充电阻？

（4）高压配电箱的上电继电器组的触点有监测功能后，可取消哪个部件？

项目四
电机认知与故障诊断

情境引入

一辆电动汽车的电机铭牌上写了该电机采用的是永磁同步直流无刷电机。车主问小林："永磁是什么意思？同步是什么意思？直流是什么意思？无刷是什么意思？"小林没答上来，觉得很是丢脸。

学习目标

1. 能说出日常生活中被控电机和非被控制电机的区别。
2. 能说出电动汽车电机和工业电机的区别。
3. 能画出有刷永磁电机的简单原理图。
4. 能画出无刷永磁电机的简单原理图。
5. 能说出电机铭牌的表示内容。
6. 能诊断汽车电机的定子和壳体的短路或绝缘下降故障。
7. 能诊断汽车电机的定子三相电感不平衡故障。
8. 能诊断汽车电机转承的异响故障。

任务一　汽车电机认知

一　电动汽车电机简介

1. 电机种类

电机根据电源的幅值和频率是否受控制，分为非控制电机和控制电机两种。

2. 非控制电机

非控制电机是电源的特征（幅值和频率）不发生变化的电机，其工作机械特性只取决于负载阻力的大小。

例如：电机的端电压 $u=A\sin(\omega t+\varphi)$，在我国有三相电机和单相电机两种，我国工频电为 50Hz，$\omega=100\pi$，线电压为 380V，相电压为 220V。

由于电压幅值 A 不变，工频的角频率 ω 不变，初相角 φ 不确定，取决于电机接入网络的时间,整个电机的机械特性取决于电机的负载大小,这就是非控制电机[⊖]。

3. 控制电机

控制电机是电源一定是直流电、经变频器控制后输出幅值和频率发生变化的电机,其工作机械特性不仅取决于负载阻力的大小,也取决于控制输出。

控制电机的端电压仍为 $u=A\sin(\omega t+\varphi)$,电动汽车为三相电机,电机端电压随以下参数变化而变化:

A 为电压幅值,幅值 A 是变值;

ω 为角频率,ω 也可以从零赫兹调节到几百赫兹;

φ 为初相角,φ 为确定值,都从零开始。

整个电机的机械特性取决于电机控制目标的大小。

典型汽车上的控制电机应用有三处:电动汽车或传统汽车采用的电动转向电机、电动汽车驱动电机和空调驱动电机。

4. 电动汽车对电机的要求

用于电动汽车的驱动电机与常规的工业驱动电机不同。电动汽车的驱动电机通常要求频繁的起动/停车、加速/减速,低速或爬坡时要求高转矩,高速行驶时要求低转矩,并要求变速范围大。而工业电机通常优化在额定的工作点。

因此,电动汽车驱动电机比较独特,应单独归为一类。它们在负载特性、技术性能和工作环境等方面有着特殊的要求。

(1)过载能力要强

电动汽车驱动电机需要有 4~5 倍的过载,以满足短时加速或爬坡的要求。而工业电机只要求有 2 倍左右的过载就可以了。

(2)基速比要大

基速比是电机的最高转速和电机在恒转矩控制时能达到的最高转速之比。例如电机在最高电压时的最高转速为 12500r/min,电机在最高电压时变频器控制最大输出电流能保持的最高转速为 2500r/min,则基速比为 5。

电动汽车的最高转速要求达到在公路上巡航时基本速度的 4~5 倍,而工业电机只需要达到恒功率是基本速度的 2 倍左右即可。

(3)设计目标要求高

电动汽车驱动电机需要根据车型和驾驶员的驾驶习惯设计,而工业电机只需根据典型的工作模式设计。

(4)功率密度要高

电动汽车驱动电机要求有高功率密度(一般要求达到 1kg/kW 以内)和好的效率图(在较宽的转速范围和转矩范围内都有较高的效率),从而能够降低车重、延长续驶里程。而工业电机通常对功率密度、效率和成本进行综合考虑,在额定工作点附近对效率进行优化。

⊖ 这是本书作者个人总结的,若有出入,请同行指正。

(5)可控性要好

电动汽车驱动电机要求工作可控性高、稳态精度高(转速误差小)、动态性能好(加减速响应快)。而工业电机只有某一种特定的性能要求。

(6)工作环境差

驱动电机被装在电动汽车上,空间小,不利于散热,需要有专门的冷却循环系统。由于它工作在外界环境,防尘和防水等级要高,一般为IP55。因为它工作在频繁振动等恶劣环境下,所以可靠性要高。而工业电机通常在某一个固定位置工作。

二 永磁同步直流无刷电动机

永磁同步直流无刷电动机因其效率高(在95%以上),高于感应电动机,是电动轿车优先采用的电机。

1. 永磁无刷电动机优点

1)电动机转子由高磁能永磁材料制成,对于给定的输出功率,它的质量和体积能够大大减小,使得功率密度较高。

2)转子为永磁体,铁损小于感应电动机的转子,其效率远高于感应电动机。

3)电动机发热主要集中在定子上,易于采取散热措施。

4)永磁体没有其他励磁制造缺陷或机械损坏的限制,因而可靠性较高。

汽车用永磁电动机按有无换向电刷可分为有刷永磁直流电动机和无刷永磁直流电动机两种。根据输入电动机接线端的交流波形,永磁无刷电动机可分为永磁同步电动机(正弦波)和永磁无刷直流电动机(矩形波)。正弦波产生的转矩基本是恒转矩,这与绕线转子同步电动机相同。输入的是交流方波,采用离散转子位置反馈信号控制换向。由于方波磁场与方波电流之间相互作用而产生的转矩比正弦波大,永磁无刷直流电动机的功率密度大,但是由功率器件的换向电流引起的转矩脉动也大。

2. 直流电动机模型

有刷直流电动机的原理如图4-1所示。若在A、B之间外加一个直流电源,A接电源正极,B接负极,则线圈中有电流流过。当线圈处于图4-1所示位置时,有效边ab在N极下,cd在S极上,两边中的电流方向为$a \rightarrow b$,$c \rightarrow d$。由安培定律可知,ab边和cd边所受的电磁力为:$F = BLI$。式中I为导线中的电流,单位为安(A)。根据左手定则可知,两个F的方向相反,如图4-1所示,形成的电磁转矩驱使线圈逆时针方向旋转。当线圈转过180°时,cd边处于N极下,ab边处于S极上。由于换向器的作用,使两有效边中电流的方向与原来相反,变为$d \rightarrow c$、$b \rightarrow a$。这就使得两磁极对应的有效边电流的方向保持不变,因受力方向和电磁转矩方向都不变,电动机转子得以连续转动,但abcd中线圈的电流方向是变化的,电流是矢量,所以通过abcd线圈的是交变电流。

由于换向器和电刷的存在,换向时如果换流容量过大,会烧毁换向器和电刷,严重时换向器上会出现环火,有刷电动机的换向器引起转矩波动,并限制了电动机的转速,而电刷带来摩擦与射频干扰(RFI)。而且,由于磨损和断裂,换向器和电刷需定期维护。这些缺点使其可靠性低且不适合于免维护工作,从而限制了它们在电动汽车驱动领域的广泛应用。

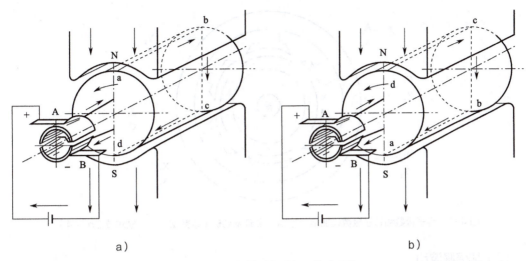

图 4-1 有刷直流电动机工作原理图

对于电动汽车功率需要从几十千瓦到几百千瓦，多采用电力电子换向的永磁直流无刷电动机或永磁直流同步无刷电动机，由于同步无刷电动机转矩输出更平稳，电动轿车多使用同步无刷电动机。

直流电动机之所以称为直流电动机是因为电源是直流电，交流电机之所以称为交流电机是因为电源是交流电，无论是直流电动机还是交流电动机，线圈内部电流方向都是变化的。有刷电动机工作的条件是，线圈能在换向点处把电流换向，电机就能顺利转动下去。现在把电动机转子采用永磁体，定子线圈采用电子换向，在转子上增加位置传感器，电机变频器根据转子位置，通过控制开关管的导通与截止，实现对线圈电子换向，这个传感器通常称为电机解角传感器。

3. 三相直流无刷电动机

（1）三相原始电动机基本结构

如图 4-2 和图 4-3 所示，三相直流无刷电动机是在最简单的电动机基础上定子和转子同步加倍做成的，这就相当于多缸发动机是在单缸发动机的基础上罗列出来的。这里极对数 p 相当于活塞个数，而一个活塞的配气机构是三个定子磁极。

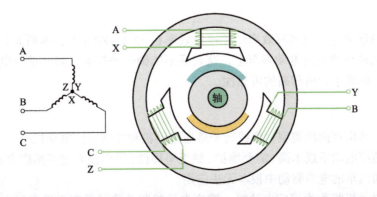

图 4-2 最简单的原始三相直流无刷电动机（槽数 $Z = 3$，极对数 $2p = 2$），相当于单缸发动机

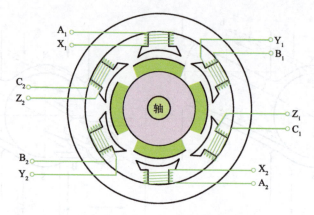

图 4-3 定子极数和转子极数量加倍,相当于 2 缸发动机(槽数 $Z = 6$,极对数 $2p = 4$)

(2)加倍降波动

为了降低电动机转子的转矩波动,通常要将定子相数和转子磁极数加倍,在两倍(相当于两缸发动机)原始电动机 A 相中,A_1X_1 和 A_2X_2 是串在一起构成 A 相,通电时会同时产生磁通。

4. 电动机铭牌

图 4-4 所示为永磁同步直流无刷电动机的铭牌,额定功率是电动机工作在最好的负载阻力情况下出现的,即负载阻力不能太小,也不能过大。而峰值功率是由变频器控制出来的,变频器对逆变桥的输出做了一个功率限制,也就是电流输出限制,一般汽车电动机变频器限制输出为额定功率的 1.8~2.0 倍,少数汽车电动机取到 2.5 倍,这个与变频器的能力有关。关于绝缘等级 H、防护等级 IP67 和工作制 S9 可参见感应电动机的铭牌解释。

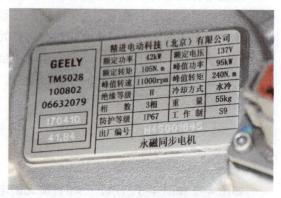

图 4-4 永磁同步直流无刷电动机铭牌

三 感应电动机

汽车用变频感应电动机因其效率低(一般效率在 75%~80%)、体积大、重量高的缺点一般只应用在电动载货车或电动客车上,这句话不能倒过来理解。其实感应电动机的优点也是有的,比如低的成本价格和高的可靠性。

1. 感应电动机种类

交流感应电动机有两种类型,绕线转子感应电动机和笼型感应电动机。

绕线转子感应电动机成本高、需要维护、缺乏坚固性,因而没有笼型感应电动机应用广泛,或者说是在电动汽车的电力驱动中根本无法应用。

笼型感应电动机简称为感应电动机。感应电动机驱动除了具有无换向器电动机驱动的共同优点外,还具有成本低、坚固等优点。这些优点超过了其控制复杂的缺点,推动了感应电动机在电动汽车驱动中的广泛应用。

2. 感应电动机结构

用于电动汽车的感应电动机在原理上与工业用的变频感应电动机结构基本相同。然而，这种电动机结构需要专门设计，不能直接将工业电机应用于电动汽车。

交流感应电动机的结构分为定子结构、转子结构、接线端子结构三部分，有的还加入风扇。

（1）定子结构

如图4-5所示，定子铁心采用很薄的硅钢片叠成，电动机定子绕组的绝缘等级要高，电动机的电压等级需合理地采用高电压和低电流的设计，以减少功率逆变器的成本和体积。铸铝或铸铁机壳内部采用水套，制成外壳水冷电动机。采用铸铝机座来减小电动机总质量，定子壳体密封性要好，防止进水。

图4-5 交流异步感应电动机定子

（2）转子结构

图4-6所示为汽车交流异步感应电动机转子实物，其结构如图4-7所示。

图4-6 交流异步感应电动机转子

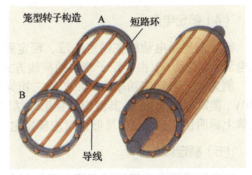

图4-7 感应电动机转子

1）转子铁心也由薄硅钢片叠压而成，以减少铁损。

2）由于电动汽车电动机转速较工业电动机高，要求转子的动平衡度要高，同时轴承质量要好。

电动汽车电机在爬坡时要求低转速高转矩，巡航时要求高转速低转矩，车辆超车时，要求具有瞬时超负载能力。

（3）感应电动机定子接线端子

感应电动机的接线端子有星形（Y）和三角形（△）两种联结方式，接线盒内无传统工业电机的壳体接地保护。电动机壳体与车身间为等电位，即两者的金属导通，电动机定子绕组和车身间进行绝缘检测。一旦出现三相定子绕组和壳体间漏电时，仪表绝缘报警，同时电池上电继电器断开。

感应电动机作为电动汽车电机时，接线端子仅有U、V、W三个，不会有保护地线。

3. 变频电动机铭牌

图4-8所示为电动汽车用三相异步电动机铭牌，具体解释如下。

（1）型号

型号是表示产品性能、结构和用途的代号。例如YCVF250L-4C中"Y"表示Y系列笼型异步电动机（"YR"表示绕线转子异步电动机），"VF"为变频电动机，"250"表示电动机的中心高为250mm，"L"表示长机座（"M"表示中机座，"S"表示短机座），"4"表示4极电动机。

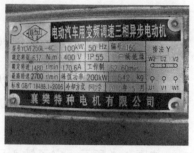

图4-8 电动汽车三相异步电动机铭牌

（2）额定功率

在额定运行（指电压、频率和电流都为额定值）情况下，电动机轴上所输出的机械功率为电动机的额定功率。

（3）额定电压

电动机在额定运行情况下的线电压为电动机的额定电压。一般规定电动机的电压不应高于或低于额定值的5%。

如三相定子绕组可有两种接法时，就标有两种相应的额定电压值。当电压高于额定值时，励磁电流将增大，铁损增加，绕组有过热现象。电压低于额定值时，在电动机满载的情况下，会引起转速下降，电流增加，使绕组过热。电压低时，电动机最大转矩也会显著降低。

（4）额定电流

额定电流指电动机在额定电压、额定频率和额定负载下运行时，三相定子绕组中通过的线电流，单位为A。由于定子绕组的接线方式不同，额定电压不同，电动机的额定电流也不同。

例如，一台额定功率为10kW的三相异步电动机，其绕组作三角形联结时，额定电压为220V，额定电流为68A。其绕组作星形联结时，额定电压为380V，额定电流为39A。也就是说，铭牌上标明接法三角形/星形，对应额定电压220/380V和额定电流68/39A。

（5）额定频率

额定频率指电动机所接交流电源的频率，我国发电厂所生产的交流电频率为50Hz，频率降低时，转速降低，定子电流增大。

（6）额定转速

额定转速指电动机在额定电压、额定频率和额定负载下运行时，转子每分钟的转数，单位为r/min。其值略低于同步转速。

（7）接法

接法指电动机在额定电压下定子绕组的接线方式。一般有星形和三角形两种接法，在电动汽车中只有星形接法，没有保护地，这是应用到电动汽车上的特点。

（8）绝缘等级

绝缘等级指根据绕组所用的绝缘材料，按照它的允许耐热程度规定的等级。中小型异步电动机的绝缘等级有A、E、B、F和H级，各级耐温如下：

A级105℃；E级120℃；B级130℃；F级155℃；H级180℃。

电动机的工作温度主要受绝缘材料的限制。若工作温度超出绝缘材料所允许的温度，绝缘材料就会迅速老化，其使用寿命将大大缩短。修理电动机时，所选用的绝缘材料应符合铭牌规定的绝缘等级。

（9）温升

温升指电动机长期连续运行时的工作温度比周围环境温度高出的数值。我国规定周围环境的最高温度为40℃。例如，若电动机的允许温升为65℃，则其允许的工作温度为65+40＝105℃。电动机的允许温升与所用绝缘材料等级有关。电动机运行中的温升对绝缘材料的使用寿命影响很大，理论分析表明，电动机运行中绝缘材料的温度比允许最高温度每升高8℃，其使用寿命将缩短一半。

（10）工作定额

电动机的工作定额也称电动机的工作制，是表明电动机在不同负载下的允许循环时间。工作制分为S1~S10级，允许的循环包括起动、运行、电制动、空载、断能停转以及这些阶段的持续时间和先后顺序。具体工作制划分如下：

1）S1 连续工作制：在恒定负载下的运行时间足以达到热稳定。按铭牌上规定的功率长期运行，如水泵、通风机和机床设备上电动机的使用方式都是连续运行方式。

2）S2 短时工作制：在恒定负载下按给定的时间运行，该时间不足以达到热稳定，随之即断能停转足够时间，使电动机再度冷却到与冷却介质温度之差在2K以内。

3）S3 断续周期工作制：按一系列相同的工作周期运行，每一周期包括一段恒定负载运行时间和一段断能停转时间。这种工作制中的每一周期的起动电流不致对温升产生显著影响。如吊车和起重机等设备上用的电动机就是断续运行方式。

4）S4 包括起动的断续周期工作制：按一系列相同的工作周期运行，每一周期包括一段对温升有显著影响的起动时间、一段恒定负载运行时间和一段断能停转时间。

5）S5 包括电制动的断续周期工作制：按一系列相同的工作周期运行，每一周期包括一段起动时间、一段恒定负载运行时间、一段快速电制动时间和一段断能停转时间。

6）S6 连续周期工作制：按一系列相同的工作周期运行，每一周期包括一段恒定负载运行时间和一段空载运行时间，无断能停转时间。

7）S7 包括电制动的连续周期工作制：按一系列相同的工作周期运行，每一周期包括一段起动时间、一段恒定负载运行时间和一段快速电制动时间，无断能停转时间。

8）S8 包括变速变负载的连续周期工作制：按一系列相同的工作周期运行，每一周期包括一段在预定转速下恒定负载运行时间和一段或几段在不同转速下的其他恒定负载的运行时间，无断能停转时间。

9）S9 负载和转速非周期性变化工作制：负载和转速在允许的范围内变化的非周期工作制。这种工作制包括经常过载，其值可远远超过满载。这是电动汽车的工作制。

10）S10 离散恒定负载工作制：包括不少于四种离散负载值（或等效负载）的工作制，每一种负载的运行时间应足以使电机达到热稳定，在一个工作周期中的最小负载值可为零。

（11）额定功率因数

额定功率因数指电动机在额定输出功率下，定子绕组相电压与相电流之间相位角的余弦，约为0.70~0.90。电动机空载运行时，功率因数约为0.2。功率因数越高的电动机，发配电设备的利用率越高。

（12）额定效率

对电动机而言，输入功率与输出功率不等，其差值等于电动机本身损耗功率，包括铜损、铁损和机械损耗等。效率是指输出功率与输入功率的比值，即通常约为75%~92%。电动机的损耗越小,效率越高。

（13）转子电压

转子电压指仅对绕线转子异步电动机,定子绕组加有额定电压时,转子不转动时两个集电环间的电压。

> **注意:** 电动汽车不使用绕线转子异步电动机。

（14）转子电流

转子电流指仅对绕线转子异步电动机,使用在额定功率时的转子电流。
注意:电动汽车不使用绕线转子异步电动机。

（15）起动电流

起动电流是指电动机在起动瞬间的电流,常用它与额定电流之比的倍数来表示。异步电动机的起动电流一般是额定电流的4~7倍。

（16）起动转矩

起动转矩是指电动机起动时的输出转矩,常用它与额定转矩之比的倍数来表示,一般是额定转矩的1~1.8倍。

（17）重量

重量指电动机本身的体重,以供起重搬运时参考。

任务二　汽车电机故障诊断

一　系统自诊断数据

利用诊断仪进入变频器电控单元,目前要经过整车控制器才能读出变频器的故障码和数据流,未来汽车设计的思路是诊断仪进入变频器的电控单元,读出故障码（图4-9）。

电机限矩数据流（图4-10）是电机在输出动力不足时才读取的数据,用来确认是否是控制系统造成的,比如由于温度造成变频器的输出电流受到变频器的限制。当电动汽车的冷却系统出现故障,使高压元件如高频器、电机等出现高温时,电机会进入限矩工作状态。

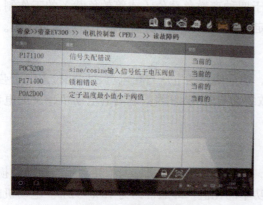

图4-9　故障码读取

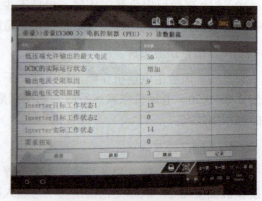

图4-10　电机限矩数据流读取

二 汽车电机异响

电机的异响故障检测方法是将电机在举升机上升起，设置到前进档，可使用听诊器或螺钉旋具在电机外壳体的轴承处（图4-11）听诊。实际问题是电机轴承损坏较少，更多的是电机后部减速器的轴承产生的异响。因此为确认准确的故障部位，听诊实际要在电机侧和减速器侧分别听诊（图4-12），以防造成误诊。

图4-11 电机轴承侧异响听诊　　　　　　图4-12 电机后侧减速器轴承异响听诊

对于凸极转子，可能会有磁条脱落产生的异响，检测方法是分别挂入前进档和倒档听诊异响声音是否相同，如不相同，可能就是磁条脱落。磁条脱落可能会使电机一个方向转动正常，而另一个方向转动困难。

三 电机故障确认

汽车电机的转子是永磁体或笼体，故障较少。电机检查主要集中在定子检查上，包括电机的定子绕组与电机壳体的绝缘检查和定子功率平衡检查。

电机定子绝缘检查采用绝缘电阻表（图4-13），利用数字绝缘电阻表内部电池产生的1000V电压来测量电机的定子绕组是否绝缘合格。也可采用价格低廉的手动绝缘电阻表，但要注意操作要领按说明书操作，以防电压过高击穿定子绝缘。

定子绕组绝缘的测量位置选择在变频器的三根输出电缆上，也可取下电机测量，实际问题是将电机从车上抬下测量的方法浪费时间较多，一般可直接在变频器输出的三相线与电机壳体间测量。

如果测量位置选择在变频器的三根输出电缆上，先要等变频器母线电容放电结束，将变频器与三根电缆间的螺栓断开后，在变频器上垫一绝缘物，比如图4-14中用塑料袋垫在变频器的三个输出端上，这样做的目的是防止绝缘电阻表的高电压进入变频器，造成变频器的逆变桥损坏。要佩戴0级（直流耐压1000V）绝缘手套作为防护，以防来自绝缘电阻表1000V脉冲电压对人产生惊吓（实际来自绝缘电阻表1000V脉冲电压对人身体是无害的，因此这里只能用"惊吓"一词）。

电机定子功率平衡检查目的是检查电机定子绕组匝间是否有短路故障。由于电机定子绕组电阻非常小，即使使用精确度高的数字万用表，由于接触误差，实际测量也很难确认是否存在匝间短路故障。定子功率平衡检查是利用数字电感表，也就是LCR表。数字电感表输出一定频率的交流电通入电机的定子绕组，因为汽车电机定子绕组采用星形接法时，没有中性线,所以在外部测量定子绕组时取任意两根电机供电电缆测量电感,共分三次测量,对比测量结果,一致性好,说明没有匝间短路。

图 4-13 电机定子绕组绝缘检查用绝缘电阻表

图 4-14 本例电机定子绕组和壳体之间的绝缘电阻为 11GΩ

复习题

1. 填空题

（1）非控制电机是_____不发生变化的电机,机械特性只取决于_____的大小。

（2）控制电机是电源一定是直流电、经变频器控制后输出幅值和频率发生变化的电机,其工作机械特性不仅取决于_____的大小,也取决于_____。

（3）基速比是电机的_____和电机在_____时能达到的最高转速之比。

（4）电动汽车的最高转速要求达到在公路上巡航时基本速度的_____倍,而工业电机只需要达到恒功率是基本速度的_____倍即可。

（5）电动汽车电机的 IPXX 指_____等级。

2. 判断题

（1）永磁电机是指电机转子是永磁体的电机。（　　）

（2）感应电机指转子是依靠定子绕组电流对笼型转子进行感应形成电流,这个电流使定子磁场受力。（　　）

（3）电动汽车定子绕组检查包括定子线圈对壳体的绝缘检查和定子绕组之间的绝缘检查。（　　）

（4）汽车电机的异响故障多为轴承进水磨损。（　　）

（5）定子功率平衡检查是利用数字电感表,也就是 LCR 表。（　　）

3. 简答题

（1）写出永磁电机的转子结构。

（2）相比工业电机,汽车电机的定子增加了什么结构?

（3）电机定子的检查项目有哪些?

项目五
电动汽车高压电路认知与诊断注意事项

情境引入

上时电，电工修理师傅听到了高压配电箱中继电器闭合工作的声音，但车辆挂档后仍无法加速，经诊断仪检查上电后变频器没有真正被供电。电工修理师傅进行了高压线路检查，可在进行高压线路供测量时都是带电测量，而在学校里老师教的是下了高压电才能进行高压测量，请问哪个正确或更好？

学习目标

1. 能画出吉利纯电动汽车电池箱中继电器组的工作原理图。
2. 能画出比亚迪纯电动汽车高压配电箱中的继电器工作原理图。
3. 能画出上汽荣威纯电动汽车高压配电箱中的继电器工作原理图。
4. 能在带电测量高压配电箱前进行正确的防护。
5. 能带电测量高压配电箱诊断高压配电箱中的配电故障。
6. 能更换纯电动汽车高压配电箱中的继电器、熔丝或电流传感器。

任务一　吉利电动汽车高压电路认知

一 高压电路组成及功能

如图 5-1 所示为吉利车系（EV300/EV350/EV450 相同）高压电路元件示意图，高压电路元件组成及功能如下：

1. 锂离子电池箱

锂离子电池位于车身外部的车底下部，电池箱整体密封。电池箱内的电池组模块之间采用串联，一些车型会在电池组的中间安装一个检修塞，检修塞的作用是在检修作业时能实现高压断电可靠。检修塞内置有一个熔丝作为最后一道过流保防护。

电池箱内高压配电箱有 5 个高压继电器。锂离子电池对外放电时通过主正继电器、预充继电器和主负继电器构成回路。具体工作过程是：预充继电器和负极继电器完成高压元件中电容的预充电过程，几十毫秒后，主正继电器再闭合工作，预充继电器再退出工作。这样设计的原因是电容在通直流的瞬间实质上是一个短路状态,线路电流过大,继电器触点易损坏,同时线路也存在损坏的可能。将一个几十欧姆的电阻(比如 20Ω)串到电路中,超过 300V 的电池,线路电流最多 20A,这个电流下继电器触点闭合是安全的。

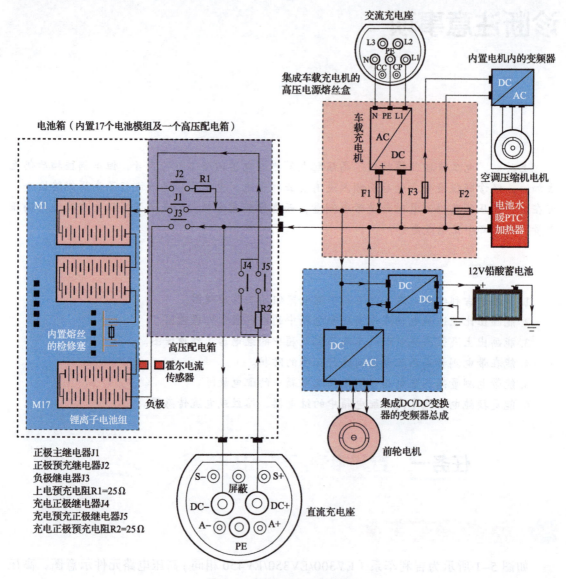

图 5-1 吉利车系高压电路原理

直流充电继电器和直流充电预充继电器外接直流充电桩,通过 DC+ 和 DC- 对电池进行充电。设计继电器的目的是实现充电口隔离。

2. 交流充电过程

220V 交流电经 L、N 进入到车载充电机(AC/DC)变换成动力电池的充电电压,经 F1 熔丝、主正继电器、主预充继电器、动力电池和主负继电器构成回路。

汽车变频器内置一个带有 12V 电压输出功能的 DC/DC 变换器,输出 14V 电压给标称 12V 的铅酸蓄电池充电。PTC 暖风和电池共用的加热器由 F2 熔丝供电,暖风功率大小由其内部的电子开关进行控制。电动空调压缩机由 F3 熔丝供电，经压缩机内自带的变频器换流为三相交流给电机供电。

二 高压上电工作原理

吉利车系高压配电箱的原理参见图 5-1。

主供电工作原理：踩下制动踏板，按下供电开关，可听见电池箱内继电器开关闭合的"咔嗒"声。此时为负极主继电器和正极预充继电器开关同时闭合工作，大约几十毫秒，汽车变频器内电容被正极预充继电器电阻充电完成。这时正极主继电器开关再闭合工作，正极预充继电器开关断开退出工作。注意：主供电电流是左侧的锂电池流向右侧的电子功率单元（PDU）。

"快充+、快充-"外接带有熔丝和车载充电机的电子功率单元（PDU）。快充电流是从右侧的电子功率单元（PDU）向左侧的锂离子电池供电。由于动力电池本身也是一个大的电容，在充电时采用了负极主继电器和正极快速预充继电器，来防止充电机开始工作，充电机控制部分未进入电流控制时造成回路的电流过大。当充电电流被充电机控制后，快速充电正极继电器开关闭合工作，此时正极快速预充继电器退出工作。

当然，充电机控制若能在快充电时能及时起作用，正极快速预充继电器是可以取消的。

三 高压继电器触点监控

在早期生产的电动汽车中加装的检修塞有两个功能：一是利用检修塞内置的一个白银做的直流熔丝来实现终极的过流防护；二是为了能在检修时能实现安全下电。

那为什么 2017 年以后生产的新款电动汽车取消了检修塞呢？原因就是上电继电器组增加了继电器触点监测功能。高压继电器触点监控的优点是节省了一个检修塞，缺点似乎是在上电继电器开关虚接焊在一起时只能报警，不能人为强行执行下电操作，不过正极和负极两端的两个继电器同时虚接焊在一起可能性很小。在一个继电器虚接报警时，另一个继电器仍能执行下电动作。

如图 5-2 所示为电池管理系统 ECU 上部 6 条红色包线管用于监测继电器开关，图 5-3 所示为接于继电器开关两端的继电器监测线束。

图 5-2 继电器触点开关监测线束

图 5-3 继电器开关两端的继电器监测线束

四 电池箱的输入/输出接口

如图 5-4 所示为电池箱的输入/输出接口，其功能如下：

1)"总正+、总负-"端口接变频器（厂家称为电子功能控制单元 PDU）。

2)"快充+、快充-"端口接快速充电口"DC+、DC-"。

3) 整车通信 12P-A（即 12 针的引脚 A）和整车通信 12P-B 外接低压供电电源、外接总线、整车控制器和车载充电机等。

图 5-4 电池箱的输入/输出接口

任务二 比亚迪电动汽车高压电路认知

一 典型车型 E5 简介

比亚迪电动汽车的 E5 和 E6 是两款保有量较大的电动汽车，本节以 E5 为例介绍。比亚迪 E5 为前轮驱动汽车，其动力电池额定总电压为 653.4V，储电量为 42.47kW·h。电机额定转矩 160N·m（在 0~4775r/min 之间），电机最大输出转矩为 310N·m（在 0~4929r/min 之间）。电机额定功率 80kW/（4775~12000r/min），电机最大输入功率 160kW（4929~12000r/min）。电机最大输出转速 12000r/min。

电机动力总成总成重量为 103kg，采用固定速比的减速器，总减速比 9.342，一级传动比为 3.158，主减速传动比为 2.958；变速器润滑油量为 1.8L，变速器润滑油类型：齿轮油标号为 SAE80W-90（冬季环境温度低于 -15℃ 地区推荐换用 SAE75W-90）。

二 高压电路的组成及作用

如图 5-5 所示为比亚迪 E5 高压元件的电路。

1. 高压配电箱

高压配电箱（High Voltage Distribution Assembly）位于机舱内，高压配电箱的作用是为电动汽车的驱动电机变频器供电，变频器将高压直流电逆变为三相交流电，为传统的电气元件供电。

2. 空调压缩机

电动空调经变频空调压缩机内的变频器逆变为交流电给电机的定子线圈，电机转子带动涡旋式空调压缩机的吸入低温、气态制冷剂，排出高温、液压制冷剂。

3. PTC 加热器

PTC 加热器为电动汽车空调蒸发箱内的高压电加热元件供电。高压电加热元件为正温度系数（PTC）元件，随加热温度提高电阻增大，电流得以自动限制，防止了过热。

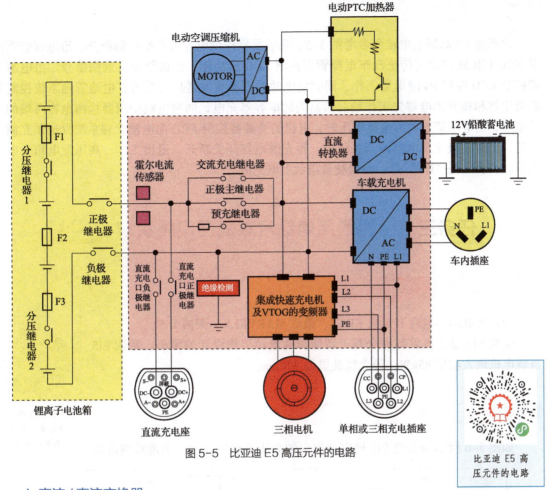

图 5-5 比亚迪 E5 高压元件的电路

4. 直流/直流变换器

直流/直流变换器简称 DC/DC,作用是将电池箱电压降至 14V 为 12V 铅酸蓄电池充电。

5. 直流充电口继电器

直流充电口作用是在不充电时直流充电口正极和负极继电器都断开,可防止人员(特别是小孩)因意外接触直流充电口遭到电击伤害。

6. 交流充电继电器

交流充电继电器的作用是在交流充电过程中专门提供一个工作路径。单相交流电 L1、N 的电能经车载充电机给动力电池充电,或三相交流充电 L1、L2、L3 的电能流经变频器内部的快速充电机给锂离子蓄电池充电时经交流充电继电器接通锂离子蓄电池的正极。

7. 分压继电器

在需要电池箱内的电池组与电池组之间断开时(比如在打开电池箱后需要在较安全的电压下操作时)分压继电器提供了自动断开操作。

8. 熔丝

电池组内部的熔丝可在拆开电池箱时电池组外部通过壳体短路时提供保护,同时在变频器控制失效或电池包外部正、负线路间短路时起保护作用。

三 高压上电流程

比亚迪 E5 高压上电流程参考图 5-5。驾驶员操作供电开关和制动踏板开关给电源管理控制 ECU（BCM 内置有传统汽车电源管理控制 ECU 的功能）提供驾驶员意图信号。由电源管理控制 ECU 控制 IG 继电器工作，同时向电池管理系统发送启动信号，电池管理系统控制负极继电器和预充继电器先工作给变频器内的电容器充电，同时电机变频器检测电容两端的上升电压，当电压接近动力电池电压时，电机的变频器控制 ECU 向电池管理系统发送预充满的信息，这时正极主继电器的开关闭合，预充继电器开关断开，退出工作。高压配电箱上电完成后，仪表点亮"OK"灯，向驾驶员指示上电完成。

任务三　上汽通用电动汽车高压电路认知

一 荣威 Ei5 电动汽车简介

荣威纯电动车包含有荣威 ERX5、荣威 MARVELX、荣威 Ei5。
荣威 Ei5 是上汽首款完全基于新能源纯电动架构设计的房车。新款 Ei5 搭载电机最大功率 85kW，最大续驶里程 420km。

荣威 Ei5 电动汽车电池箱内部高压电路

二 高压元件电路组成及作用

如图 5-6 所示为荣威 Ei5 纯电动汽车的高压电路原理图，电池箱内电池

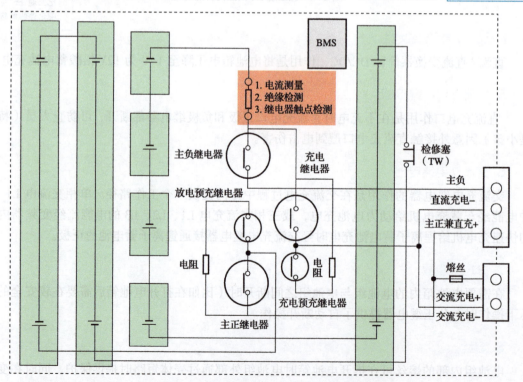

图 5-6　荣威 Ei5 电动汽车电池箱内部高压电路

共有7个模块串联,检修塞(TW)位于串联电池的中间位置,其放电工作过程和充电工作过程原理如下。

1. 电池对外放电

放电时,电池正极电流经后部第一组电池下部向前至主正继电器和并联的放电继电器至主正兼直充正端子。负极经后部向前数第三列的4组电池上部流出经高压测量装置至主负继电器,再至电池箱的主负端子。

2. 对电池充电

(1)交流充电过程

车载充电机将单相交流电换成直流电经交流充电正和熔丝流入,由于电流小,可经主正继电器和并联的预充继电器给电池充电,电流经主负继电器至电池箱主负端子。

(2)直流充电过程

车外直流充电桩电流经直流充电正再经主正继电器和并联的预充继电器给电池充电。由于电流大,电流经充电继电器和并联的充电预充继电器至电池箱直流充电负端子。

位于电池管理控制单元旁边的红色装置是美国通用公司开发的高压测量装置(在国内车型中多直接由电池管理系统直接完成)。这个高压测量装置有三个功能:一是利用精密电阻进行电流测量;二是对5个继电器的触点进行检测;三是进行绝缘检测。

任务四　大众电动汽车高压电路认识

一　大众 ID.4 电动汽车简介

2020年11月大众汽车正式推出国产版大众ID.4系列车型,新车分为两个国产版本,一汽大众版和上汽大众版。其中,一汽大众版称为ID.4 CROZZ,上汽大众版称为ID.4 X,提供经济、舒适、运动和个性化4种模式。

二　高压元件电路组成及作用

如图5-7所示为大众ID.4纯电动汽车后驱车型高压元件电路组成,当为四驱车型时前轮

图5-7　大众ID.4纯电动汽车后驱车型高压元件电路组成

增加电机,同时 DC/DC 变换器安放在行李舱中。

ID.4 的高压安全方案如下:高压线束和连接器为橙色;高压电组件均带有安全标记贴(危险 DANGER);高压连接器有触电防护(IPXXB 级),高压元件用编码螺栓固定,电池箱内还提供触电防护,取消屏蔽高压线,而采用电磁兼容(EMC)滤波器对高压元件实施电磁兼容;有紧急断电组件(保养插头 TW 及 A 柱保险带标志的熔丝 SC28,SC28 为电池管理系统 J840 的常供电);先导线路(保养插头 TW 内的一个与电池管理系统 J840 相连的一个互锁线);绝缘电阻监测(低于 510kΩ 仪表黄灯亮,低于 590kΩ 红灯亮,并高压下电);高低压不共地(动力电池的负极与车身金属不相连);高低压不共地(高压电池的负极与车身金属不相连);主动放电技术(在电机变频器内采用主动放电),被动放电技术(高压下电 2min 后所有高压元件的电容器电压在 60V 以下);碰撞时高压下电,并主动放电,同时电池箱内的 S451 圆柱形保险丝执行烟火式(爆炸)断开(图 5-8);高压继电器触点粘连监测,有粘连时,仪表会显示相应信息;电容上电的短路电流测试(在中间电路电容器被预充时,执行电流测量);预充时或电容出现短路,将会下电,并不会再次上电,仪表会有相应信息;高压上电后,电流传感器没用信号,检测出高压线束开路。

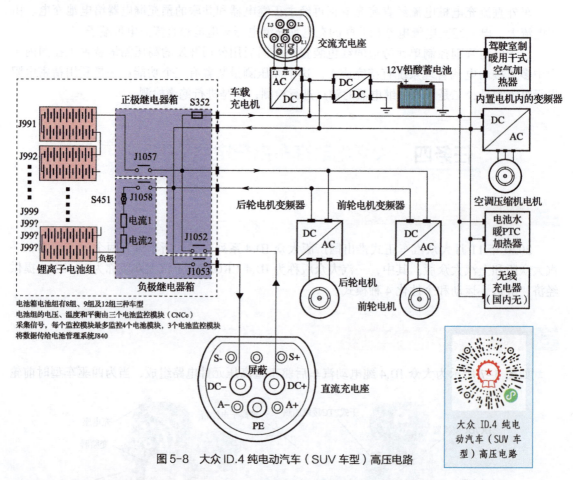

图 5-8 大众 ID.4 纯电动汽车(SUV 车型)高压电路

三 高压元件电路组成参数

1. 高压蓄电池参数

电池箱外壳采用固体挤压铝型材,内部有纵向和横向加强件。方形的锂离子电池有三种版本,时代上汽为电池供应商,电池采用液冷方式,运行的温度范围为 -28~60℃,厂家提供电池 8 年或 120000km 质保。

第一种版本(见图 5-7)在后驱车型上为 361kg(采用 156A·h 电池,1P96S 结构,8 组电池能量为 55kW·h,电压 350.4V,电池防护等级 IP6K7),百公里耗电 15.7kW·h,NEDC 工况为 364km,7.2kW 充电机充电需要近 8h。

第二种版本(见图 5-9)在后驱车型上为 361kg(采用 156A·h 电池,1P96S 结构,9 组电池能量为 62kW·h,电池防护等级 IP6K7);百公里耗电 16.3kW·h,NEDC 工况为 523km,7.2kW 充电机充电需要近 12h。

图 5-9 电池组 9 组的配置和排列

第一种和第二种版本电池模组单体电池块数 12 块,容时为 156A·h,12S1P 结构,总电压为 44.4V,模组容量为 6.87kW·h,重量为 30kg 左右。

第三种版本(见图 5-10)在四驱车型上为 517kg(采用 234A·h 电池,1P96S 结构,12 组电池能量为 82kW·h,电压 350.4V,电池防护等级 IP6K9K),电池箱实物见图 5-11 所示,百公里耗电 18.1kW·h,NEDC 工况为 472km,7.2kW 充电机充电需要近 12h。

图 5-10 电池组 12 组的配置和排列

图 5-11 电池箱实物

第三种版本电池模组单体电池块数 16 块,117A·h 电池并联为 234A·h 电池,8S2P 结构,总电压为 29.6V、模组容时为 6.87kW·h,重量为 30kg 左右。

电池箱内除黄色的电池管理控制单元 J840(BMC)外,还有模组控制器(CMC)用于采集各电池组的单体电池电压和温度,在充时也对电池容量进行平衡。例如在 9 模组成的电池箱中有模组控制器(CMC)J1208~J1210 共 3 个单元。正极和负极侧的高动力电池配电箱采用橙色外壳包装。

电池箱壳体配有压力平衡元件,气体可以进出,但水气或灰尘不能进入。

2. 电机参数

(1)后部电机

基础款车型一后部电机输出功率最高为 125kW。

基础款车型二,后部电机算变频器在内重量为 90kg,输出功率最高为 150kW,持续输出为 70kW,转矩最高为 310N·m,持续为 170N·m;最高电机转速 12000r/min,减速器传动比为 12.975：1。变频器内置电容器，变频器的电压工作范围为 150~475V，最大输出电流为 450A，工作频率为 9~10kHz。

电机的变频器（厂家称"功率和控制电子装置 JX1"）由一个电机驱动控制单元（J841）；若干电容组成的电磁兼容和抑制滤波器电路；智能功率模块的驱动电路；以及智能功率模块组成的逆变桥，也称 DC/AC 逆变器（变频器）；在 DC/DC 变换器内部，内置了一个中间电路电容器 C25；电机（V141）的带有电机相电流传感器的支架组成。

变频器冷却用的一个电机（VX54）在低温冷却回路中，电机变频器内部取消了 DC/DC 变换器(A19)、内部分线器及高压熔丝。

电机转子位置传感器 G713 和电机定子线圈温度 G712 以及相电流传感器作为电机控制单元（J841）的输入信号，定子线圈温度传感器 G712 是负温度系数的一个热敏电阻。电机驱动控制单元接收 J623 发来的转矩信号，控制智能功率模块给电机定子线圈供给电流，并经相电流传感器反馈电机的工作电流。

电机转子位置传感器 G713 采用旋转变压器，功能是监控电机转子的位置和转速，旋转变压器信号轮采用四凸轮结构。

（2）前部电机

前部电机包含变频器在内重量为 58kg，输出功率最高为 75kW，持续输出为 20kW，转矩最高为 150N·m，持续为 35N·m；最高电机转速 14000r/min，减速器传动比为 10.37：1。电机采用液冷，电机定子和转子间的气隙间充有液体，一个石墨密封环用于密封，电机外的一个漏液指示器用于检测密封环的好坏。

后驱电机功率 150kW，前驱电机功率 75kW，总功率 225kW。

前部电机变频器（厂家称"电驱动控制单元"）控制单元 J944 安装在变频器 JX 中，是变频器 JX 内部的一个整体部件。J944 同后电机一样，也有一套电机转子位置传感器、电机相电流传感器及电机定子温度传感器。

3. 交流充电和直流充电口座

单相交流 220V、50Hz，最大交流充电功率为 7.2kW，通信引导采用 CP，充电连接采用 CC，充电口充电枪锁止电机 F496 在驾驶员操作锁车操作时控制锁止充电枪。充电插座内置有 3 个温度传感器，分别是 G853、G1151 和 G1152。

直流最大充电功率为 90kW，通信采用 CAN 通信。

4. 车载充电机

车载充电机（AX4）位于行李舱中，采用水冷散热，单相交流 220V，50Hz，最大电流 32A，效率为 94%，最大交流充电功率为 7.2kW，工作温度范围为 −40~65℃。

车载充电机（AX4）的控制单元 J1050 负责监控和调整充电过程。

5. 电动空调压缩机

压缩机采用涡旋式压缩机，有两种版本，一种配有热泵式空调，采用四氟丙烯（R1234yf）的车辆；另一种配有热泵式空调，采用二氧化碳（R744）作为制冷剂。压缩机电机的工作电压为 195~470V，电机运转时转速为 600~8600r/min，最大功率为 5.5kW，压缩机内置有控制单元 J842 调节压缩机转速，由加热器和空调控制单元 J979 通过 LIN 总线进行控制。

空调在 −5~70℃都可工作，通信温度为 −40~70℃。制冷剂采用四氟丙烯（R1234yf）或二氧化碳（R744）。

（1）四氟丙烯（R1234yf）

R1234yf 的化学名称为四氟丙烯，用于替代 R134a 制冷剂，是一种新型汽车空调环保制冷剂。其单位容积制冷量及蒸发潜热比 R134a 略低，空调工况下系统运行压力适中，气体运动黏度较 R134a 大，饱和蒸汽压曲线与 R134a 十分相似，沸点比较接近 R134a，可以实现对原系统不进行大改动的情况下进行直接替代。R1234yf 润滑油：矿物油、PAG、POE 等常见润滑油。R1234yf 和金属、非金属兼容性：金属——铝、镁、锌，在设备中要禁用；非金属——涤纶、尼龙、环氧树脂、PET、锦纶、氯丁橡胶、氢化树脂、三元乙丙橡胶和丁基橡胶的相容性比较好，与硅橡胶溶解。

（2）二氧化碳（R744）

在制冷技术的早期，常用的两种制冷剂是氨和二氧化碳。两者都存在问题，氨是有毒的，二氧化碳需要极高的压力（大约 30~200 个大气压）才能在制冷循环中运行，而且由于它在跨临界循环中运行，因此压缩机出口温度极高（约 160℃）。高压和高温两个是有利的，非常高的循环压力导致整个循环中的高流体密度，允许系统小型化以获得相同的热泵功率要求。此外，高出口温度将允许汽车风窗玻璃的即时除霜（我们不必等到汽车发动机升温）并且可以用于家庭使用中的组合空间加热和热水加热。

6. 电池 PTC 加热器

电池 PTC 加热器（Z132）负责对动力电池进行加热，具备无级调节功能。冷却液进、出口安装有温度传感器。工作电压为 150~475V，加热时占空比调节范围为 0~100%，最大功率为 5.5kW，最高电流为 30A，重量为 4kg，加热功率由电池管理单元 J840 通过 LIN 进行控制。

7. DC/DC 变换器

DC/DC 变换器（A19）在后驱车型位于前机舱，四驱车型位于行李舱，采用水冷方式，工作电压为 150~475V，最大功率为 3kW，诊断地址为 8105。DC/DC 变换器（A19）内置有电容 C25，在高压下电后需等待此电容放电后再进行操作。

8. 驾驶室空气加热器

驾驶室空气加热器（ZX17）工作电压为 150~475V，采用 LIN 通信。转速通过占空比调节，调节范围为 0~100%，最大功率为 6kW，最高电流为 21A，重量为 1.9kg。一条等电位线与车身相连，绝缘电阻大于 10MΩ。驾驶室空气加热器（ZX17）内置有控制单元（J848），由空调控制单元 J979 通过 LIN 总线对控制单元（J848）进行控制和监视。

四 高压电路元件电路连接关系

图 5-11 所示为 ID.4 高压电路连接关系，高压电路连接器采用为高级触电防护等级而开发的新部件，连接器金属采用了更大的接触面积来增加接触可靠。

正极继电器箱包括正极继电器 J1052、直流充电正继电器 J1057、S352 是一个过流保险。负极继电器箱包括负极继电器 J1053、直流充电负继电器 J1058，熔丝 S351 是一个圆形的燃爆熔丝，在撞车时燃爆断开。J1052、J1053、J1057 和 J1058 四个继电器都有继电器触点监控设计。

电流测量采用在负极线上用分流电阻（Shunt）测量，共有电流 1 和电流 2 两个测量点。

> **技师指导** 分流电阻是一个阻值非常低的高精密电阻，可与某一电路串联或并联，用于测量电流。由于其特殊性，一般是在精密电子产品中使用。分流电阻选用高精密合金材料并经过特殊工艺处理，使其阻值低、精度高、温度系数低、稳定性好，具有无电感、高过载能力。常见阻值：1、2、5、7、10、12、15、20、50mΩ。

五 大众 ID.4 电动汽车的总线

如图 5-12 所示为上汽大众 ID.4 纯电动汽车的网络通信。高压组件的网关控制单元 J533 与 EV-CAN 总线和传动系统 CAN 总线相连，CAN 采用 CAN-FD（CAN 一帧数据最长 8 字节，CAN-FD 一帧数据最长 64 字节），传递速率可达 2000kbit/s。J979 空调控制单元即空调控制面板；J842 是内置到空调压缩机的电动压缩机控制单元；J848 是暖风加热 PTC 的控制单元；A19 是 DC/DC 变换器的控制单元；J840 是电池箱内的动力电池控制单元；Z132 是给动力电池加热的 PTC 水加热器；J1208-J12xx 是动力电池模组监控单元 CMC，作用是为 J840（电池箱内的动力电池控制单元）提供监测到的电池温度和电压数据；J1050 是行李舱内车载充电器的控制单元；J623 动力控制单元相当于其他车系的整车控制器（VCU）；J841 驱动电机控制单元交直流转化器，也称电机变频器；V711 是前进气格栅散热器开启卷帘的电机；R257 是发动机声浪模拟器，是一个仪表上的中央信息显示部件。

电机控制单元 J623（动力管理控制单元）安装在右侧 A 柱上，功能有驾驶员辅助系统管理、转矩需求管理、能量回收强度管理、全车热管理、高压组件的监测（也称高压协调，即对高压电系统的启动和关闭顺序进行管理、设定运行状态）。其输入信号有加速踏板信号（代码 GX2）、冷却液温度信号（G18），执行器有散热器风扇电机（代码 VX57）、散热卷帘控制电机 V711（采用 LIN 控制），低温加回冷却液泵（V468）。进行能量回收时，CAN 总线

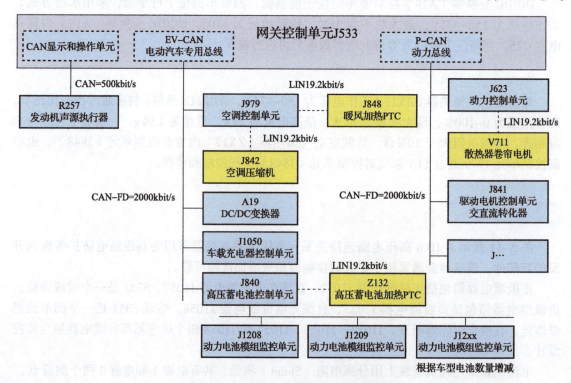

图 5-12 上汽大众 ID.4 纯电动汽车的网络通信

向汽车电气控制单元 J519 发送信号，点亮制动灯。

发动机声浪的执行器扬声器 R257 安在前保险杠右后侧，由网关 J533 控制，扬声器的设计是让车外行人能注意到车辆存在，声音从散热器方向传出。无论前进档，还是倒档，只要车速小于 25km/h 即可发出平稳的声音。

[本节实训项目]

（1）使用诊断仪和专有工具，利用维修插头 TW 或 SC28 进行车辆的高压断电，并进行上电工作。

（2）结合维修手册，用诊断仪对电池箱内的正极继电器箱和负极继电器箱进行诊断。

（3）利用维修手册，进行电机拆装后的冷却液测漏工作。

下电的两种方法：维修插头 TW 和 SC28 熔丝如图 5-13 所示，第一种方法是断开 SC28 可以对电池管理系统控制单元 J480 和 DC/DC 变换器 A19 断电，电池管理系统控制单元 J480 的断电会使高压继电器线圈控制失效，从而实现下电。第二种方法是拔下维修插头 TW，不仅实现电池管理系统控制单元 J480 的断电，也断开了先导电路的 U 形线。

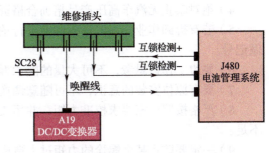

图 5-13　维修插头 TW 和 SC28 熔丝

任务五　高压电路带电测量的注意事项

一　为什么要带电测量高压配电箱

电动汽车的高压被一部分一知半解的人妖魔化，过分强调高压，以至于给人造成的心理压力远超过其实际的危险性。在这里要说明的是，电动汽车的安全要比你日常生活中插电饭锅插头或插电脑供电线的安全性要安全得多，何况这两种情况在日常生活中的频率非常高，而在电动汽车上高压作业的情况非常少，带电高压作业测量就更少了。

技师指导　上边的话，不是说电动汽车不具危险性，而是要大家正确看待危险水平。要强调的是，在高压配电箱上的高压带电测量作业具有危险性，一定要按安全操作规程，两人中一人操作，一人看护，看护人要提醒错误操作，并准备意外事故的处理工作。

电动汽车为什么要带电测量高压配电箱？高压配电箱相当于传统汽车的熔丝和继电器盒，传统汽车电路的测量在熔丝和继电器盒上带电测量，同样，在高压配电箱内部有上电继电器组、高压直流熔丝和电流传感器等，高压网络上的元件供电情况都可通过高压配电箱测量，这种测量是带电测量才更有效。因为带电测量不仅能测量元件，也能测量线束。

要注意的是：带电测量高压电路时，要以高压电路的负极为公共点，即是万用表黑表笔放在高压电路的负极上。一定不要将万用表黑表笔放在车身上测量，这样测量实际是在测量绝缘检测电压。

举个简单的例子：系统检测到上电预充时间过长，即预充继电器给电容充电过长，其故障原因是电容漏电，还是电池电压测量不准，就可以用示波器测量预充继电器工作给电容充电到供电主继电器闭合的时间间隔，从而发现故障的原因所在。这种故障在下电的情况下，用万用表的电阻档测量是测不到的。高压熔丝的测量，也必须是带电测量更方便，并且结果更准确。

二 高压配电箱测量及组装注意事项

1）开盖后的高压配电箱要禁止异物侵入，比如铁屑、尘土和水汽等，所以开盖前要清理好工作现场。

2）绝对禁止带电测量时工具落入高压配电箱内。

3）绝对禁止无高压防护的人员在高压配电箱上带电测量。

4）绝对禁止无汽车高压产品培训合格资格的人员在高压配电箱上带电测量。

5）若有拆卸作业，一定在拆卸前进行拍照。注意：要拍到关键易错的点，也可用漆笔先做记号。

6）要边工作边思考，不可大量的随意拆卸。

7）要有原位安装的意识，不可随意调换似乎相同的元件。

8）严格按照厂家要求校准力矩，并用漆笔做记号，防止漏下某个螺栓力矩导致接触电阻不足。

9）一定要防止某个螺栓的力矩过大造成接线柱和元件内部断开或形成新的接触电阻。

10）通过闻、看、听观察配电箱的内部情况，形成一个初步判断。

复习题

1. 填空题

（1）踩下制动踏板，按下供电开关，可听见电池箱内继电器开关闭合的"_____"声音。

（2）目前，大多数电动汽车的高压配电箱位于_____内。

（3）电池的电流传感器大多位于_____内。

（4）绝对禁止无汽车_____的人员在高压配电箱上带电测量。

（5）汽车取消了检修塞，原因就是上电继电器组增加了_____功能。

2. 判断题

（1）在测量DC/DC变换器预充继电器时，要知道预充继电器在按压供电开关OK时，只是短时工作一下。（　　）

（2）高压配电箱中设计预充电路是因为变频器中有电容器。（　　）

（3）高压配电箱也可能一部分布置在电池箱内，一部分布置在电池箱外。（　　）

（4）高压配电箱的高压测量以车身为基准。（　　）

（5）高压配电箱的继电器低压线圈测量以车身为基准。（　　）

3. 简答题

（1）带电测量高压配电箱前如何进行正确的防护？

（2）如何带电测量高压配电箱诊断高压配电箱中的配电故障？

（3）如何更换纯电动汽车高压配电箱中的继电器、熔丝或电流传感器？

项目六
汽车电力电子器件认知与故障诊断

情境引入

电工维修师傅告诉小林,要想真正学习维修电动汽车,不是只会更换几件电动汽车部件。真正学修电动汽车,要会维修电动汽车的变频器、车载充电机、DC/DC 变换器及直流充电桩等电力电子部件,而要维修这些部件需要有诊断技术和修理技术,掌握汽车电力电子器件的工作原理、检测方法及更换的方法。

学习目标

1. 能说出电力二极管和电子二极管的区别。
2. 能说出电力晶体管和电子晶体管的区别。
3. 能说出电力场效应晶体管和电子场效应晶体管的区别。
4. 能说出 IGBT 的原理和进行 IGBT 的测量。
5. 能说出 IPM 的原理和进行 IPM 模块的测量。

任务一 汽车电力电子器件认知

电力电子变换是一门复杂的学科,对于电动汽车专科学生来说,定性掌握电力电子变换中换流开关的结构、符号和应用即可,在讲完原理后,结构也可忽略。

一、汽车电力电子器件

1. 电力电子器件

电力电子器件是汽车电力电子系统或部件中最基本和最重要的组成部分,是车载电能控制和转换的核心。

常用的电力电子器件有五种,汽车上除电力晶闸管外,其余四种都大量采用:功率二极管(Power Diode)或电力二极管;电力晶闸管(Silicon Controlled Rectifier,SCR);电力晶体管(Giant Transistor,GTR 巨型晶体管)功率晶体管;电力场效应晶体管(Power-MOSFET,P-MOSFET,电力 MOSFET)也称功率场效应晶体管;绝缘栅双极型晶体管(Insulated Gate Bipolar Transistor,IGBT);智能功率模块(Intelligent Power Modules,IPM),IPM 的电力电子元件仍是 IGBT。

电力晶体管（GTR 巨型晶体管）被 IGBT 取代，所以也可以称为四种。

其中应用最广泛的是功率二极管，车上几乎所有电能变换和控制的地方，都能看到它的存在；晶闸管多应用于以电压调节或可控整流为目的的系统或部件；电力 MOSFET 多应用于低电压（如 12~200 V）和小功率（如小于 10 kW）场合；而高电压（如大于 200 V）和大功率（从数十千瓦到数百千瓦）系统或部件，则普遍采用 IGBT 作为主电路器件。近年来，在新能源汽车高电压、中小功率场合，碳化硅功率 MOSFET 有取代硅 IGBT 的趋势。

四种电力电子器件在汽车上的应用情况如图 6-1 所示。功率二极管、电力晶闸管、电力场效应晶体管和绝缘栅双极晶体管等 4 种汽车电力电子器件的电气符号和理想特性曲线见表 6-1。

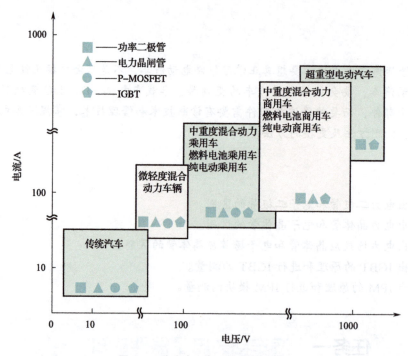

图 6-1 汽车电力电子器件应用情况

表 6-1 四种汽车电力电子器件比较

名称	符号	理想特性曲线
功率二极管	A —▶|— K i_D + u_D −	i_D On / Off, u_D
电力晶闸管	A —▶|— K i_A G i_G + u_{AK} −	i_A On, Off / Off, u_{AK}

(续)

名称	符号	理想特性曲线
金属-氧化物-半导体电力场效应晶体管（P-MOSFET）		
绝缘栅双极晶体管		

2. 车用与工业用电力电子器件区别

汽车上用的电力电子器件与其他工业领域用的电力电子器件在性能上有一定区别，主要原因是汽车电力电子器件的应用环境更为恶劣。车辆有时会处于高温、高湿、强振动、负载变化剧烈、复杂的电磁环境，甚至高海拔的场合，因而汽车电力电子器件需要具有高结温、低通态损耗、长寿命（高于整车寿命）、高可靠性等特点，同时要满足国内外相关汽车标准和规范的要求或通过相关认证。这就要求半导体厂商在材料选取、结构设计、制造工艺上都应予以特殊考虑。但汽车电力电子器件与普通电力电子器件的工作原理与基本电气特性没有区别。

3. 电力电子器件实际特性与理想特性区别

电力电子器件工作在开关状态，并和电路中其他元器件（如电感、电容等）配合，完成对电能的变换或控制。在实际工作过程中，电力电子器件的实际特性与理想特性存在很大区别，具体见表6-2。

表6-2 电力电子器件实际特性与理想特性比较

类别	电力电子器件实际特性	理想特性
关断状态	阻断电压：有限	阻断电压：无穷大
	漏电流：微小	漏电流：0
开通状态	导通压降：数百毫伏至数伏	导通压降：0
	导通电流：有限	导通电流：无穷大
开通过程	所需时间：数纳秒至数微秒	所需时间：0
关断过程	所需时间：数纳秒至数微秒	所需时间：0
驱动与控制	需要复杂的驱动与控制电路，消耗一定的驱动功率或能量	简单的驱动与控制方法，需要的驱动与控制功率或能量为零

二 电力二极管

1. 电力二极管作用

电力二极管（Power Diode）在20世纪50年代初期就获得应用，当时也被称为半导体整流器，它的基本结构和工作原理与信息电子电路中的二极管是一样的，都以半导体PN结为基础，实现正向导通、反向截止的功能。

电力二极管是不可控器件，其导通和关断完全是由其在主电路中承受的电压和电流决定的，由一个面积较大的PN结和两端引线以及封装组成的。从外形上看，它主要有螺栓型和平板型两种封装。电力二极管外形及符号如图6-2所示。

电力二极管的伏安特性曲线与普通小功率二极管基本一致，如图6-3所示。在外加正向电压情况下，二极管在0.5V左右开始导通，有微弱的正向电流I_d流过。随着正向电流I_d的增大，电力二极管的正向压降也逐渐增大。由于电力二极管通常工作于大电流状态，在电流值达到额定电流时，工作点在伏安特性曲线的上端A点，其压降一般在1.0~2.0V之间。而普通小功率电力二极管通常工作于小电流状态，其工作点在伏安特性曲线的B点附近，压降一般为0.7V。

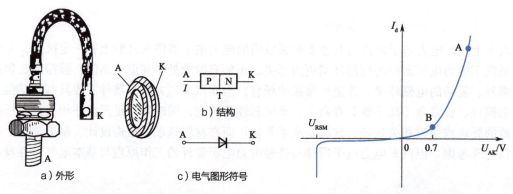

图6-2 电力二极管外形及符号　　图6-3 电力二极管伏安特性

在外加反向电压时，二极管不导通，只有一个很小的反向饱和电流I_s流过。但当外加的反向电压超过二极管所能承受的最高反向电压U_{RSM}后，二极管被击穿，反向电流I_d迅速增加，此时若无限流保护，二极管将被烧毁。电力二极管所能承受的反向电压通常比较高，为几百伏至几千伏，远高于普通二极管所能承受的反向电压。

2. 电力二极管类型

其主要类型有普通二极管、快速恢复二极管、肖特基二极管。

（1）普通二极管

普通二极管（General Purpose Diode）又称整流二极管（Rectifier Diode），多用于开关频率不高（1kHz以下）的整流电路中。

（2）快速恢复二极管

恢复过程很短特别是反向恢复过程很短（5μs以下）的二极管被称为快速恢复二极管，也简称快速二极管。其工艺上多采用了掺金措施，结构上有的采用PN结构类型，也有的采用对此加以改进的PN结构。

（3）肖特基二极管

以金属和半导体接触形成的势垒为基础的二极管称为肖特基势垒二极管（Schottky Barrier Diode，SBD），简称为肖特基二极管。肖特基二极管的优点在于：反向恢复时间很短（10~40ns），正向恢复过程中也不会有明显的电压过冲；在反向耐压较低的情况下其正向压降也很小，明显低于快速二极管。因此，其开关损耗和正向导通损耗都比快速二极管还要小，效率高。肖特基二极管的弱点在于：当反向耐压提高时，其正向压降也会高得不能满足要求，因此多用于200V以下的低压场合；反向漏电流较大且对温度敏感，因此反向稳态损耗不能忽略，而且必须更严格地限制其工作温度。

三 电力晶体管

1. 电力晶体管

它是一种电流控制的大功率、高反压电力电子器件，具有自关断能力，产生于20世纪70年代，其额定值已达1800V/800A/2kHz、1400V/600A/5kHz、600V/3A/100kHz。它既具备晶体管饱和压降低、开关时间短和安全工作区宽等固有特性，又增大了功率容量，因此，由它所组成的电路灵活、成熟、开关损耗小、开关时间短，在电源、电机控制、通用逆变器等中等容量、中等频率的电路中应用广泛。缺点是驱动电流较大、耐浪涌电流能力差、易受二次击穿而损坏。电力晶体管正逐步被电力MOSFET和IGBT所代替。

2. 电力晶体管结构

电力晶体管（Giant Transistor，GTR，TR是Transistor的首和尾字母）是一种双极结型晶体管，具有高反压和自关断能力，并有开关时间短、饱和压降低和安全工作区宽等优点。它被广泛用于交直流电机调速、中频电源等电力变流装置中。

大功率电力晶体管结构、外形和等效电路如图6-4所示。

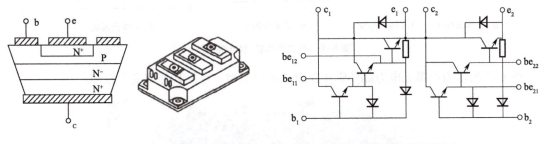

a）GTR结构示意图　　b）GTR模块的外形　　c）GTR模块的等效电路

图6-4　大功率电力晶体管结构、外形和等效电路

3. 电力晶体管原理

电力晶体管（图6-5）有c（collector，集电极）、b（base，基极）、e（emitter，发射极）三个电极，在电力晶体管中基极（b）和发射极（e）之间加超过开启电压后形成一个小电流，则在集电极（c）和发射极（e）间有大电流流过，由于输入的是小电流，输出是大电流，因此是用电流来放大电流的器件，电流的放大倍数用 β 表示。

▶ **特别说明**：电力晶体管和"电工电子学"中的晶体管的工作原理相同。优点是输出耐高压、大电流，但输入驱动电路复杂，输入电流较大。

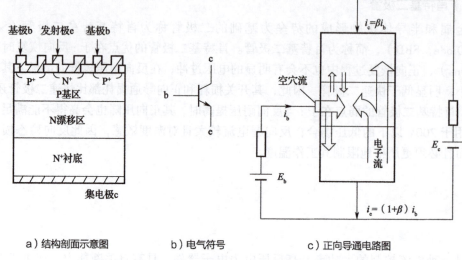

a)结构剖面示意图　　　b)电气符号　　　c)正向导通电路图

图6-5　电力晶体管内部结构、电气符号和基本原理

4. 电力晶体管模块化

电力晶体管模块化符号如图6-6所示,其中图6-6c四单元模块可实现单相全桥逆变,图6-6d六单元模块可实现三相全桥逆变。

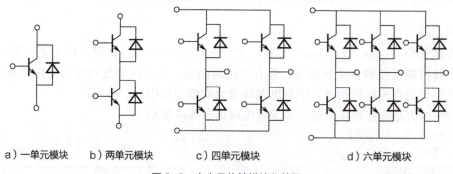

a)一单元模块　　b)两单元模块　　c)四单元模块　　d)六单元模块

图6-6　电力晶体管模块化符号

图6-7所示为两单元电力晶体管(GTR)模块实物,可见其外部端子较多。

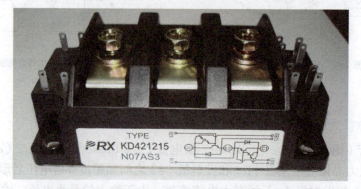

图6-7　两单元电力晶体管(GTR)模块的实物

图6-8所示为两单元电力晶体管(GTR)模块的内部实际电路,三级放大结构在外部看来相当于一个大功率管,本质上是图6-6中的两单元模块。

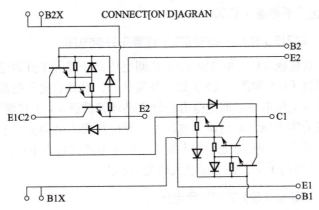

图6-8 两单元电力晶体管（GTR）模块的内部实际电路

四 电力场效应晶体管

1. 电力场效应晶体管简介

电力场效应晶体管分为结型和绝缘栅型，通常主要指绝缘栅型中的 MOS 型（Metal Oxide Semiconductor FET），简称电力 MOSFET（Power MOSFET），结型电力场效应晶体管一般称作静电感应晶体管（Static Induction Transistor，SIT）。

按导电沟道可分为 P 沟道和 N 沟道，每种还分为增强型和耗尽型。耗尽型是当栅极电压为零时漏源极之间就存在导电沟道。增强型是对于 N（P）沟道器件，栅极电压大于（小于）零时才存在导电沟道。电力 MOSFET 主要是 N 沟道增强型。

2. 电力场效应晶体管结构

电力场效应晶体管内部结构、电气符号如图 6-9 所示，电力场效应晶体管有三个端子：D（Drainage，漏极）、G（Gate，栅极）、S（Source，源极）三个极，原理与"电工电子学"中的场效应晶体管相同。

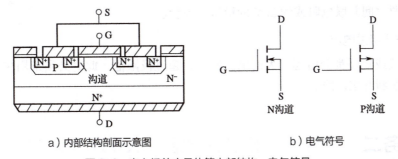

a) 内部结构剖面示意图　　　b) 电气符号

图6-9 电力场效应晶体管内部结构、电气符号

3. 电力场效应晶体管原理

以 N 沟道的电力场效应晶体管为例，在电力场效应晶体管的漏极（D）接工作电路电源正极，源极（S）接工作电路电源负极时，工作情况如下：

（1）栅极（G）和源极（S）之间无驱动电压或低于开启电压

若电力场效应管栅极（G）和源极（S）之间电压为 0，沟道不导电，电力场效应管的漏极（D）

和源极（S）处于截止（不导通）状态。

（2）栅极（G）和源极（S）之间电压高于或等于开启电压

电力场效应晶体管栅极（G）和源极（S）之间电压高于或等于开启电压，沟道导电，电力场效应晶体管的漏极（D）和源极（S）处于导通状态，且开启电压越高，导电能力越强，漏极电流越大。一旦导电沟形成，即使电力场效应晶体管栅极（G）和源极（S）之间电压降低至开启电压以下或为零电压（取消驱动电压），导电沟仍不会消失，电力场效应晶体管的漏极（D）和源极（S）仍处于导通状态。放大能力用输出电流比输入电压，量纲为电阻的倒数，称为跨导，单位是S（西门子），是电压放大电流的器件。

（3）栅极（G）和源极（S）之间加负电压时

电力场效应晶体管栅极（G）和源极（S）之间加负电压时，导电沟道消失，管子的漏极（D）和源极（S）处于截止状态，且开启负电压越大，导电沟道消失得越快。

4. 电力场效应晶体管保护措施

电力场效应晶体管的绝缘层易被击穿是它的致命弱点，栅源电压一般不得超过 ±20V，因此，在应用时必须采用相应的保护措施，通常有以下几种：

（1）防静电击穿

电力场效应晶体管最大的优点是有极高的输入阻抗，因此在静电较强的场合易被静电击穿。为此，要注意在储存时应放在具有屏蔽性能的容器中，取用时工作人员要通过腕带良好接地；在器件接入电路时，工作台和烙铁必须良好接地，且烙铁断电焊接；测试器件时，仪器和工作台都必须良好接地。

（2）防偶然性振荡损坏

当输入电路某些参数不合适时，可能引起振荡而造成器件损坏，为此，可在栅极输入电路中串入电阻。

（3）防栅极过电压

可在栅源之间并联电阻或约20V的稳压二极管。

（4）防漏极过电流

由于过载或短路都会引起过大的电流冲击，超过极限值，此时必须采用快速保护电路，使用器件迅速断开主回路。

任务二　绝缘栅双极型晶体管（IGBT）认知

一 绝缘栅双极型晶体管（IGBT）

1. 绝缘栅双极型晶体管简介

绝缘栅双极型晶体管（IGBT）是由 MOSFET 和双极型晶体管复合而成的一种器件，其输入极为 MOSFET，输出极为 PNP 晶体管，它融合了这两种器件的优点，既具有 MOSFET

器件驱动功率小和开关速度快的优点，又具有双极型器件饱和压降低而容量大的优点，其频率特性介于 MOSFET 与功率晶体管之间，可正常工作于几十千赫兹的频率范围内，在现代电力电子技术中得到了越来越广泛的应用，在较高频率的大、中功率应用中占据了主导地位。

2. 绝缘栅双极型晶体管结构

绝缘栅双极型晶体管（IGBT）的工作原理是电力晶体管（GTR）和电力场效应晶体管（P-MOSFET）结构的复合，IGBT 结构上如图 6-10 所示。电力晶体管（GTR）是 N^+、P、N^-、N^+ 四层半导体组成，无 SiO_2 绝缘层；电力场效应晶体管（P-MOSFET）是 N^+、P、N^-、N^+ 四层半导体组成，但有 SiO_2 绝缘层；绝缘栅双极型晶体管（IGBT）是 N^+、P、N^-、N^+、P^+ 五层半导体组成，有 SiO_2 绝缘层。

绝缘栅双极型晶体管（IGBT）内部结构、等效电路和电气符号

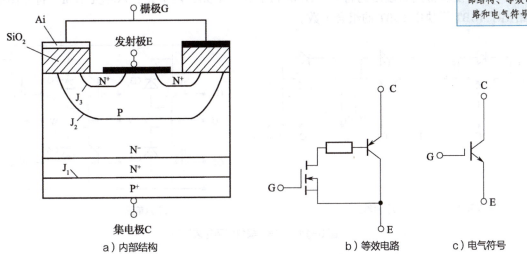

a) 内部结构　　b) 等效电路　　c) 电气符号

图 6-10　绝缘栅双极型晶体管（IGBT）内部结构、等效电路和电气符号

3. 绝缘栅双极型晶体管原理

绝缘栅双极型晶体管（IGBT）是通过栅极驱动电压来控制的开关晶体管，工作原理同电力场效应晶体管（P-MOSFET）和电力晶体管（GTR）相似。因此具有输入栅极（G）和发射极（E）之间具有驱动功率很小，开关速度快，输出集电极（C）和发射极（E）之间饱和压降低，工作电流大的优点。

IGBT 是 C（Collector，集电极）、G（Gate，栅极）、E（Emitter，发射极）三个极，工作原理是在 IGBT 的 GE 间施加一个电压，则在 CE 间有大电流流过，是电压放大电流的器件，其工作情况如下：

（1）栅极（G）和发射极（E）之间无驱动电压或低于开启电压

若电力场效应管栅极（G）和电力晶体管发射极（E）之间电压为 0，电力晶体管的集电极（C）和发射极（E）处于截止（不导通）状态。

（2）电力场效应晶体管栅极（G）和发射极（E）之间电压大于或等于开启电压

电力场效应晶体管栅极（G）和发射极（E）之间电压大于或等于开启电压，沟道导电，电力场效应晶体管的集电极（C）和发射极（E）处于导通状态，且开启电压越大，导电能力越强，漏极电流越大。一旦导电沟形成，即使电力场效应晶体管栅极（G）和发射极（E）之间电压降低至开启电压以下或为零电压（取消驱动电压），导电沟仍不会消失，电力场效应晶体管的集电极（C）和发射极（E）仍处于导通状态。

➤ **场效应晶体管开启电压的大小问题**：不同场效应晶体管的开启电压是不同的，低的是3~5V，高的是5~10V，具体开启电压需要查询相应型号场效应晶体管手册。

（3）栅极（G）和发射极（E）之间加负电压时

电力场效应晶体管栅极（G）和发射极（E）之间加负电压时，导电沟道消失，集电极（C）和发射极（E）处于截止状态，且开启负电压越大，导电沟道消失得越快。

4. IGBT 模块

IGBT 模块常用封装后的符号（图 6-11）有一单元、两单元、六单元 IPM，符号图中只给出了 IGBT 模块中 IGBT 的组合个数。

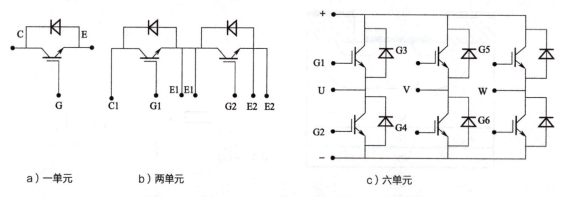

a）一单元　　b）两单元　　c）六单元

图 6-11　IGBT 模块常用封装符号

两单元 IGBT 功率模块实物如图 6-12 所示。

5. 驱动电压对 IGBT 的影响

作用在 IGBT 栅极和发射极之间的电压会有如下表现：

在 0~4.0V 和未加电源的状态一样，由于外部噪声可能导致误动作，电源欠电压保护（UV）不动作，也没有 FO 输出。在 4.0~12.5V 即使有控制输入信号，开关动也会停止，电源欠电压保护（UV）动作，对外部微控制电路输出 FO。在 12.5~13.5V 开关可以动作，但在推荐范围外。违反了 IPM 的规格书中的规定值，集电极功耗增加，结温上升。

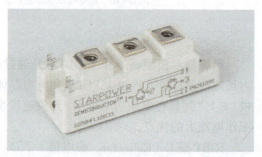

图 6-12　两单元绝缘栅双极型晶体管（IGBT）实物

在 13.5~16.5V 之间，控制电压在正常范围内（通常取 +15V 做 IGBT 的正常导通驱动，取 -10V 做关断驱动）。

在 16.5~20.0V 开关可以动作，但在推荐范围外。违反了 IPM 的规格书中的规定值，短路时的电流峰值大，可能超过硅片的耐量而损坏。20V 以上 IPM 内部的控制电路和 IGBT 栅极部分损坏。

二、IGBT 的栅极驱动和隔离

1. IGBT 驱动电路功能

IGBT 的驱动电路必须具备以下两个功能：

（1）栅极驱动功能

它提供合适的栅极驱动脉冲电压值，使集电极和发射极充分导通和截止，因此要有开关变压器降压。

（2）电隔离功能

电隔离功能是指实现控制电路（低压部分）与 IGBT 栅极（集电极和栅极击穿，栅极可能成为高压部分）的电隔离。实现电隔离可采用脉冲变压器、光电耦合器，汽车上应用最多的是光电耦合器隔离。

2. 典型驱动电压

典型的 IGBT 栅极驱动电压为 15（±10%）V 的正栅极电压，该电压足以使 IGBT 完全饱和。在任何情况下 +VGE 不应超出 12V 至 0V 的范围。为了保证不会因为 di/dt 噪声产生误开通，故 –VGE 采用反偏压（–5V 至 –15V）来作为关断电压。

3. IGBT 驱动方式

（1）小功率的 IGBT 驱动

AC 220V 采用自举 IGBT 驱动，高频脉冲变压器，直流电压驱动。AC 400V 采用简单光耦的新型自举 IGBT 驱动器。

【典型案例】自举产生驱动电压

在变频器驱动电路、伺服驱动器电路或步进电机驱动电路中，上桥电路的驱动一般都会设计独立的电源。典型的变频器驱动电路会设计四路电源，分别给上桥和下桥驱动使用。其中上桥三路电源是独立的，下桥由于 IGBT 共地的原因可以共用一组电源，此组电源相对另外三组，提供的功率要大一些。通常提供四组电源的方法是这样的：由开关变压器四组输出经二极管整流、电容滤波，得到 15V 左右的电压，此电压加至光耦的输出端电源脚。

在实际的小功率的驱动电路中，为了简化设计，通常采用自举电路产生驱动 IGBT 的 15V 和 –10V 电压，不用开关变压器输出经二极管整流、电容滤波产生驱动电压。

（2）中等功率的 IGBT 驱动

AC 400V 采用自举供电的光耦，AC 690V 采用隔离的脉冲变压器。

【典型案例】光耦隔离直接驱动方式

图 6-13 所示为 M57957L 光耦驱动芯片内部结构。

如图 6-14 所示，来自脉冲形成单元的驱动信号为高电平时光耦导通，接口电路把该信号整形后由功放级的两级达林顿NPN晶体管放大后输出，驱动功率IGBT模块导通。在驱动信号为低电平时光耦截止，此时接口电路输出亦为低电平，功放输出级PNP晶体管导通，给被驱动的功率IGBT栅射极间施加以反向电压，使被驱动功率IGBT模块恢复关断状态。图6-13中：①VIN－驱动脉冲输入负端，使用中通过一反相器接用户脉冲形成电路的输出；②VIN＋驱动脉冲输入正端，使用中通过一电阻接用户脉冲形成部分电源；⑤GND 驱动脉冲输出地端，接驱动脉冲输出级电源地端，该端电位应与用户脉冲形成部分完全隔离；⑥VCC 驱动功放级正电源端，接用户提供的驱动脉冲功放级正电源端；⑦Vout 驱动脉冲输出端，直接接被驱动IGBT栅极；⑧VEE 驱动功放级负电源端，接用户提供的驱动脉冲功放级负电源端。

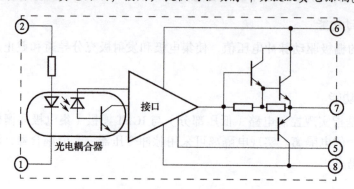

图 6-13　M57957L 光耦驱动芯片的内部结构

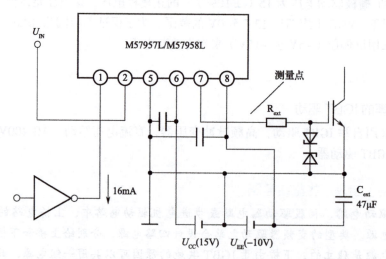

图 6-14　M57957L 驱动芯片外部电路及要被驱动的 IGBT

（3）大功率 IGBT 驱动

大功率 IGBT 采用隔离变压器驱动。

【典型案例】集成驱动模块驱动 + 保护

Infineon 公司、Concept 公司和 Semikron（西门康）公司是世界上著名的半导体生产商，配套生产 IGBT 驱动器。

Concept 公司是世界上著名的 IGBT 驱动器专业生产商，下面以 2SP0115T 驱动器（图 6-15）为例介绍。

2SP0115T 两单元 IGBT 驱动器中包含了最佳并安全驱动相关 IGBT 模块，需要的所有元件（图 6-16）有：为了使开关损耗最小化的最小

图 6-15　印制电路板为 2SP0115T 驱动器（下部为两单元 IGBT 模块）

的门极电阻、门极钳位、有效钳位二极管（关断时的过压保护）、Vce 监控（短路保护），以及输入电气插接器 X1。甚至，还包含了半桥模式下，设置关断跳闸电位、响应时间和两个通道之间死区时间的元件。它的即插即用能力意味着安装后，它就立即可以工作。在设计和调节驱动器到特定应用方面，用户不需要投入任何的精力。

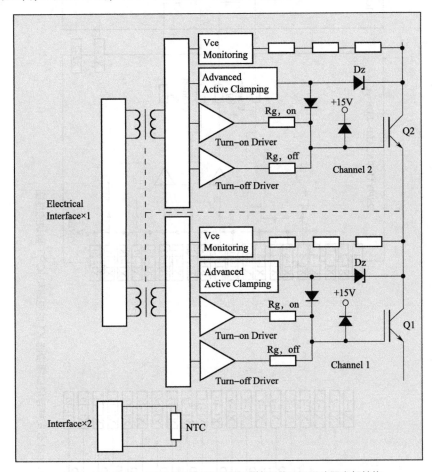

图 6-16 Concept 公司 2SP0115T 两单元 IGBT 驱动器内部结构

插接器 X1（图 6-17）的管脚定义见表 6-3，功率逆变器中使用 2SP0115T 的简单方式：将驱动器插接器 X1 连接到控制器件上，并给驱动器提供 +15V 的电压。用输入端 MOD（插接器 X1 的管脚 17），可以设置工作模式。检查门极电压：断开状态，正常的门极电压在相关参数表中给出，导通状态是 +15V。检查在要求的开关频率下，没有时钟信号的驱动器的输入电流消耗。除非不能连接到门极端，否则在安装前，就应该进行这些测试。

启动系统前，建议在功率循环条件下，对每个 IGBT 模块进行单独的检查。通常必须使用到单或双脉冲技术。Concept 特别推荐用户，在最坏条件下，检查 SOA 内部 IGBT 模块的开关，因为它依赖于特定的逆变器结构。即使只测试单个的 IGBT，也必须给系统的所有门极驱动器供电。通过施加负的门极电压，使其他所有的 IGBT 保持在断开状态。这是非常重要的，在测试状态下开关 IGBT。在此处，也可以验证短路特性。然后，系统准备在实际负载情况下启动。这需要由整个布置的热特性决定。必须在指定的温度范围和负载条件下，再次确认系统是否合格。注意：对于高压的所有手动操作可能会危及生命，必须遵守相关的安全规程！

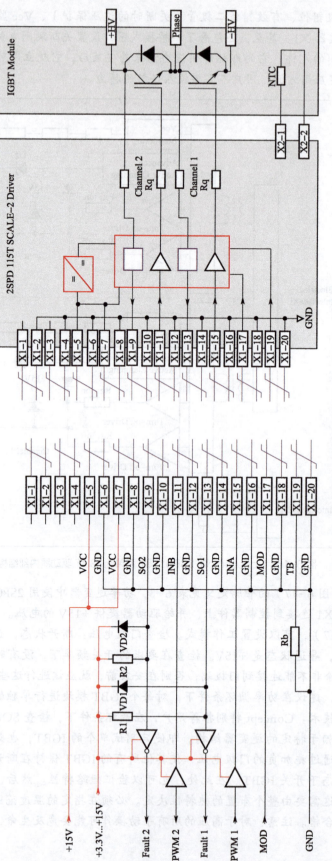

图 6-17 Concept 公司推荐接口插接器 X1 的电路和 IGBT 模块的框图

表6-3 插接器X1的管脚定义

管脚	定义	功能	管脚	定义	功能
1	N.C.	未连接	2	GND	接地
3	N.C.	未连接	4	GND	接地
5	VCC	+15V 电源	6	GND	接地
7	VCC	+15V 电源	8	GND	接地
9	SO2	状态输出通道2	10	GND	接地
11	INB	信号输入B	12	GND	接地
13	SO1	状态输出通道1	14	GND	接地
15	INA	信号输入A	16	GND	接地
17	MOD	模式选择（直接/半桥）	18	GND	接地
19	TB	闭锁时间	20	GND	接地

插接器X1驱动器具有2个电源端（但是只需要1个15V电源）、2个驱动信号输入、2个状态输出（故障返回）、1个模式选择（半桥模式/直接模式）1个输入，设置闭锁时间。驱动器配备了1个20针的插接器。所有偶数号的管脚用作GND连接。奇数号的管脚用作输入或状态输出。建议使用1个20芯的绞合扁平电缆。每个输入、输出信号和它自己的GND线绞合在一起。所有的GND管脚在2SP0115T驱动器上连接在一起，也应该和控制板连接到一起。这种安排产生的电感非常低，具有高抗干扰性。所有的输入是静电保护的。而且，所有的数字量输入具有施密特触发特性。驱动器的插接器上具有2个VCC端，用于给一次侧电子器件和二次侧DC/DC变换器供电。驱动器可以发出的总功率为2×1W，从+15V电源流出的最大输入电流约为0.2A。驱动器限制启动时的浪涌电流。MOD（模式选择）MOD输入，可以选择工作模式。如果MOD输入没有连接（悬空），或连接到VCC，选择直接模式。该模式下，两个通道之间没有相互依赖关系。输入INA直接影响通道1，输入INB直接影响通道2。在输入（INA或INB）的高电位，总是导致相应IGBT的导通。只有在控制电路产生死区时间的情况下，才能选择该模式，每个IGBT接收各自的驱动信号。注意：半桥上的两个开关同步或重叠时候，会短路DC link。如果MOD输入是低电位（连接到GND），就选择了半桥模式。该模式下，输入INA和INB具有以下功能：当INB作为使能输入时，INA是驱动信号输入。当输入INB是低电位，两个通道都闭锁。如果INB电位变高，两个通道都使能，而且跟随输入INA的信号。在INA由低变高时，通道2立即关断，1个死区时间后，通道1导通。死区时间由2SP0115T上的电阻设定。

INA和INB是基本的驱动输入，但是它们的功能依赖于MOD输入。它们安全地识别整个逻辑电位3.3~15V范围内的信号。它们具有内置的4.7kΩ下拉电阻，及施密特触发特性。INA或INB的输入信号任意处于临界值时，可以触发1个输入跃变。

SO1、SO2（状态输出）输出SOx是集电极开路晶体管。没有检测到故障条件，输出是高阻。开路时，内部500μA电流源提升SOx输出到大约4V的电压。在通道"x"检测到故障条件时，相应的状态输出SOx变低电位（连接到GND）。二极管VD1和VD2（图6-17）必须是肖特基二极管，而且只能在使用3.3V逻辑电位的时候使用。对于5~15V逻辑电位，它们可以被忽略。2个SOx输出可以连接到一起，提供1个公共故障信号（例如对其中1相）。但是，建议单独评估状态信号，以达到快速准确的故障诊断。故障条件下，最大的SOx电流不应超过驱动器参数表中设定值。

状态信号是这样处理的：二次侧的故障（IGBT模块短路或电源欠压检测）立即传输到相应的SOx输出；在闭锁时间T_b过去后，SOx输出自动复位（返回到高阻状态）；一次侧电源欠压同时指示到2个SOx输出；当一次侧电源欠压消失时，2个SOx输出自动复位（返回到高阻状态）。

端子TB为调整闭锁时间T_b（ms）的输入，允许通过连接1个外部电阻到GND，来减少工厂设定的闭锁时间。下文的等式计算管脚TB和GND之间的必须连接的电阻R_b（kΩ）的值，以设定要求的闭锁时间T_b（典型值）：$R_b = (7650+150T_b)/(99-T_b)-6.8$，20ms<$T_b$<90ms，通过选择$R_b=0\Omega$，闭锁时间也可以设置为最小值9μs（典型值）。如果不使用，输入T_b可以悬空。

接口X2的描述（图6-18）：

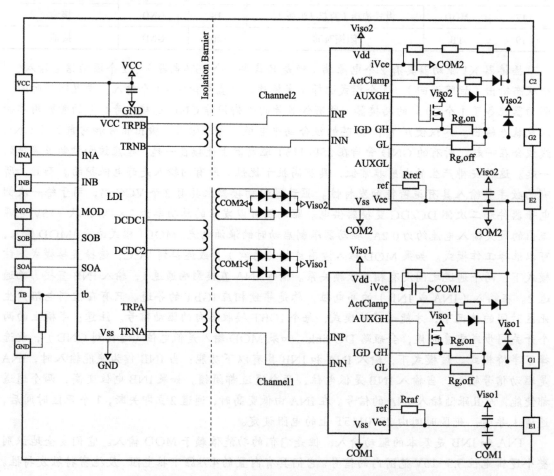

图6-18 Concept公司2SP0115T SCALE-2驱动器的框图

NTC端在插接器X2上，有1个非隔离的IGBT模块NTC输出。它直接连接到IGBT模块的NTC热敏电阻上。

电源和电气隔离驱动器配备有1个DC/DC变换器，给门极驱动电路提供1个电气绝缘的电源。信号通过变压器实现隔离。所有的变压器（DC/DC和信号变压器）满足EN50178安全绝缘要求，一次侧和任一个二次侧的保护等级为Ⅱ级。注意：驱动器需要1个稳定的电源。

电源监控：驱动器的一次侧，2个二次侧驱动通道，配备有本地欠电压监控电路。如果出现一次侧电源欠电压故障，2个IGBT被1个负的门极电压驱动，从而保持在断开状态（2个通道都闭锁），故障传送到2个输出SO1和SO2，直到故障消失。如果一个二次侧电源欠电压，相应的IGBT被1个负的门极电压驱动，从而保持在断开状态（通道闭锁），故障传送到相应的SOx输出，闭锁时间之后，SOx输出自动复位（返回为高阻状态）。即使较低的电源电压，驱动器从IGBT的门极到发射极之间提供一个低阻。在1个半桥内，如果电源电压低，建议不要用1个IGBT驱动器操作IGBT组。否则，高比率增加的Vce可能会造成这些IGBT的部分开通。

Vce监控/短路保护：驱动器内置的基本Vce监控电路，2个IGBT的集电极-发射极电压可以通过电阻网络进行测量。导通时，响应时间之后检测Vce，检测短路。如果该电压高于设定的门槛电压Vth，驱动器检测到IGBT短路，并立即给相应的SOx输出发送信号。在1个额外的延时后，相应的IGBT关断。只要闭锁时间有效，IGBT就一直保持断开（非导通），故障一直显示在管脚SOx。闭锁时间独立应用于每个通道。只要Vce超过了Vce监控电路的门槛电压，闭锁时间开始。注意：不饱和功能仅用于短路检测，不能提供过流保护，然而，过流检测有1个较低的时间优先级，可以由应用很容易地提供。

短路保护的Vce监控，故障后的操作禁止，电源欠电压切断和状态反馈。大部分的驱动器在过电流或短路时是不能限制过电压的，有效钳位是指如果集电极-发射极电压超过预定的门槛电压时，由全开通变部分开通IGBT的一种技术。信号低的传播延时能在工作直流电压高、集电极电流大或短路情况下，能有效关断1个IGBT模块，具有特别重大的意义。

4. IGBT驱动设计规则

1）采用合适的开通和关断电阻。
2）考虑过电压和反向恢复电流。
3）IGBT门极和发射极的保护措施。
4）必须进行防静电处理。
5）电路的保护措施。包括门极G和发射极E间的电阻（4.7~10kΩ），双向稳压二极管（16.8~17.5V），在门极G和发射极E间加入小电容去掉振荡，必须考虑上下管同时导通的情况，因为电压变化率太高，米勒电容会产生一个电流，而且还改变集射极的电压（考虑到门限电压值），在门极和发射极中加入负电压进行关断可以避免这个问题。
6）上下桥臂IGBT的开通和关断延迟。

三 IGBT失效及保护

1. IGBT的失效机制

IGBT的失效机制包括以下四点：
1）MOS绝缘栅结构在高温情况下会失去绝缘能力。
2）由于硅芯片与铝导线之间热膨胀系数的差异，在输出电流剧烈变化时，铝导线与硅芯片之间的接触面会形成热应力，从而造成裂纹，并会逐步导致铝线断裂。
3）由于处于芯片和散热铜底板间的陶瓷绝缘/导热片的热膨胀系数和散热铜底板的热膨胀系数不同，在底板温度不断变化时，连接两种材料的焊锡层会形成裂纹，从而导致散热能力下降，进而导致IGBT温度过高而失效。

4）由于振动,可能造成陶瓷片破裂,从而降低散热能力和绝缘能力。

上述失效机理将是综合影响并发生的。例如:在 IGBT 输出大电流时,铝线会受到热应力(机制 2);同时芯片温度会上升,将热传导到底板,造成底板温度上升,从而激发机制 3;当温度过高时,会直接导致机制 1 的发生。再加上汽车运行工况所带来的颠簸振动,导致机制 4 的发生。

汽车级电力电子模块重点改善功率循环和温度循环(温度冲击)所引起的失效机制。IGBT 的最大结温是 150℃,在任何情况下都不能超过该值。

2. IGBT 失效及保护

（1）过热损坏

集电极电流过大引起的瞬时过热及其他原因,如散热不良导致的持续过热,均会使 IGBT 损坏。如果器件持续短路,大电流产生的功耗将引起温升,由于芯片的热容量小,其温度迅速上升,若芯片温度超过硅本征温度(约 250℃),器件将失去阻断能力,栅极控制就无法保护,从而导致 IGBT 失效。实际运行时,一般最高允许的工作温度为 130℃左右。

保护措施:增加散热能力或通过降栅压来降功率驱动。

（2）超出关断安全工作区

超出关断安全工作区引起擎住效应而损坏。擎住效应分静态擎住效应和动态擎住效应。

保护措施:停止驱动输出。

（3）瞬态过电流

IGBT 在运行过程中所承受的大幅值过电流除短路、直通等故障外,还有续流二极管的反向恢复电流、缓冲电容器的放电电流及噪声干扰造成的尖峰电流。这种瞬态过电流虽然持续时间较短,但如果不采取措施,将增加 IGBT 的负担,也可能会导致 IGBT 失效。

保护措施:通过电流传感器(也可采用变压器、精密电流采样电阻等)检测是否过流,时间若较长,停止驱动输出。

（4）过电压

过电压会造成集电极、发射极间击穿。过电压也会造成栅极、发射极间击穿。

保护措施:通过监测 Vce 电压降,如果电压降过小,采用降栅压来降功率驱动或停止驱动输出。

四 IGBT 使用和检查

1. 使用注意事项

IGBT 是逆变器中最容易损坏的部分。由于 IGBT 模块为 MOSFET 结构,IGBT 的栅极通过一层氧化膜与发射极实现电隔离。由于此氧化膜很薄,其击穿电压一般仅能承受到 20~30V,因此由静电而导致栅极击穿是 IGBT 失效的常见原因之一。

使用中要注意以下几点:

在使用模块时,尽量不要用手触摸驱动端子部分,当必须要触摸模块端子时,要先将人体或衣服上的静电用大电阻接地进行放电后,再触摸;在用导电材料连接模块驱动端子时,在配线未接好之前请先不要接上模块;尽量在底板良好接地的情况下操作。在应用中有时虽然保证了栅极驱动电压没有超过栅极最大额定电压，但栅极连线的寄生电感和栅极与集电极间的电容耦合，也会产生使氧化层损坏的振荡电压。为此，通常采用双绞线来传送驱动信号，以减少寄生电感。在栅极连线中串联小电阻也可以抑制振荡电压。

此外，在栅极-发射极间开路时，若在集电极与发射极间加上电压，则随着集电极电位的变化，由于集电极有漏电流流过，栅极电位升高，集电极则有电流流过。这时，如果集电极与发射极间存在高电压，则有可能使IGBT发热而损坏。

在使用IGBT的场合，当栅极回路不正常或栅极回路损坏时（栅极处于开路状态），若在主回路上加上电压，则IGBT就会损坏，为防止此类故障，应在栅极与发射极之间串接一个10kΩ左右的电阻。

在安装或更换IGBT模块时，应十分重视IGBT模块与散热片的接触面状态和拧紧程度。为了减少接触热阻，最好在散热器与IGBT模块间涂抹导热硅脂，安装时应受力均匀，避免用力过度而损坏。一般变换器的底部为水道，当水泵损坏或发动机舱前部的冷却风扇不转时将导致IGBT模块发热，而发生故障，变换器的过热保护措施会使电机工作电流时有时无。

在IPM和散热器间涂抹使用温度范围大且长期稳定、优良的热传导率的硅脂，为了填补IPM和散热器间弯曲的缝隙，要均匀涂抹，厚度标准为150μm（推荐的厚度范围为100~200μm）。

2. IGBT过载使用

IGBT不会轻易过热损坏，如果因为过电压、过电流、触发的紊乱而导致过热损坏，那就是变频器的制作水平问题。一般采用IGBT作为整流或者逆变电路的元件，里面都有对元器件的自诊断、自保护功能，大多数情况都会起作用，自动封锁功率器件。如果对将变频器的输出短路，然后上电，它会立即报故障，而不会损毁IGBT。这就是IGBT的抗短路功能。其保护的速度是很快的，比快速熔断器还要快。这就是当今的IGBT的一大亮点。IGBT不怕短路，但是害怕过热（过载）。如果过载使用，IGBT自身可就没有保护了（变频器对它的热保护也是比较薄弱的），需要注意它的散热条件、环境温度、长期连续的工作电流选择和限制。

3. 正常IGBT管极性判断

判断极性时首先将万用表拨至R×1kΩ档，用万用表测量时，若某一极与其他两极阻值为无穷大，调换表笔后该极与其他两极的阻值仍为无穷大，则判断此极为栅极（G）。其余两极再用万用表测量，若测得阻值为无穷大，调换表笔后测量阻值较小。在测量阻值较小的一次中，则判断红表笔接的为集电极（C）；黑表笔接的为发射极（E）。

4. 有故障IGBT的检测

检测判断IGBT管的好坏可使用指针万用表的R×1kΩ档，或用数字万用表的"二极管"档来测量PN结正向电压降进行判断。检测前先将IGBT管三只引脚短路放电，避免影响检测的准确度；然后用指针万用表的两个表笔正反测G、E两极及G、C两极的电阻，对于正常的IGBT管（正常G、C两极与G、E两极间的正反向电阻均为无穷大；内含阻尼二极管的IGBT管正常时，E、C极间均有4kΩ正向电阻），上述所测值均为无穷大。

最后用指针万用表的红笔接C极，黑笔接E极，若所测值在3.5kΩ左右，则所测管为含阻尼二极管的IGBT管，若所测值在50kΩ左右，则所测IGBT管内不含阻尼二极管。对于数字万用表，正常情况下，IGBT管的C、E极间正向电压降约为0.5V。

综上所述，内含阻尼二极管的 IGBT 管检测除上述以外，其他连接检测的读数均为无穷大。测得 IGBT 管三个引脚间电阻均很小，则说明该管已击穿损坏；维修中 IGBT 管多为击穿损坏。

若测得 IGBT 管三个引脚间电阻均为无穷大，说明该管已开路损坏。

5. 变换器短路原因

（1）直通短路桥臂

某一个器件（包括反并联的二极管）损坏或由于控制或驱动电路的故障，以及干扰引起驱动电路误触发，造成一个桥臂中两个 IGBT 同时开通。

直通保护电路必须有非常快的速度，在一般情况下，如果 IGBT 的额定参数选择合理，10μs 之内的过流就不会损坏器件，则必须在这个时间内关断 IGBT。母线电流检测用霍尔传感器，响应速度快，是短路保护检测的最佳选择。将检测值与设定值比较，一旦超过，马上输出保护信号封锁驱动。同时用触发器构成记忆锁定保护电路，以避免保护电路在过电流时的频繁动作。

（2）负载电路短路

在某些升压变压器输出场合，会有副边短路的情况。

（3）逆变器输出直接短路

在逆变器输出的三相交流电压供电线间直接短路。

任务三　智能功率模块（IPM）认知

一　智能功率模块简介

智能功率模块（Intelligent Power Module，IPM）是一种先进的功率开关器件，具有 GTR（电力晶体管）高电流密度、低饱和电压和耐高压的优点，以及 MOSFET（场效应晶体管）高输入阻抗、高开关频率和低驱动功率的优点。而且 IPM 内部集成了逻辑、控制、检测和保护电路，使用起来方便，不仅减小了系统的体积以及开发时间，也大大增强了系统的可靠性，适应了当今功率器件的发展方向——模块化、复合化和功率集成电路（PIC），在电力电子领域得到了越来越广泛的应用。

二　智能功率模块结构

智能功率模块（Intelligent Power Module，IPM）是在 IGBT 的外围集成了驱动和诊断电子电路，从而实现驱动和诊断的功能。随着 IGBT 的工作频率在 20kHz 的硬开关及更高的软开关中应用，智能功率模块 IPM 代替了 MOSFET 和 GTR。

图 6-19 所示为全桥智能功能模块，内含 6 个 IPM 模块的内部保护电路，分别独立驱动 6 个 IGBT。

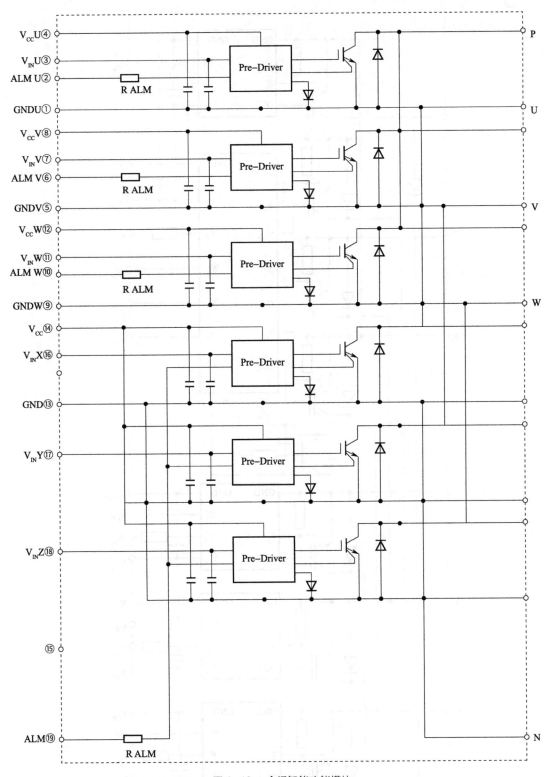

图6-19 全桥智能功能模块

图6-20所示为带制动控制的全桥智能功能模块,内含7个IPM模块的内部保护电路,下桥合并驱动。

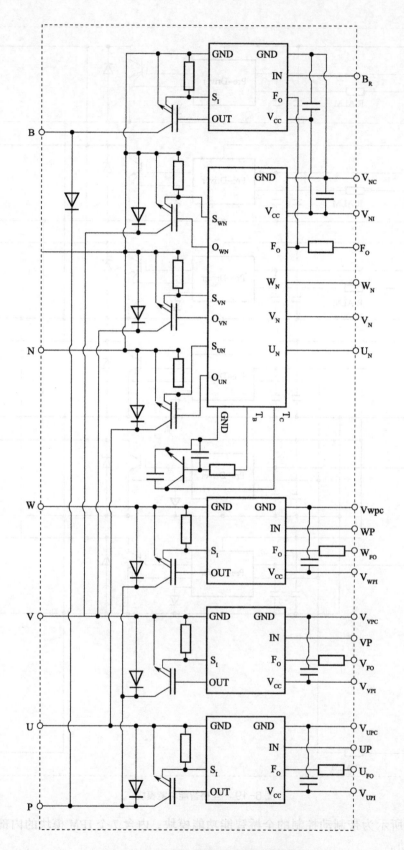

图 6-20 带制动控制的全桥智能功能模块

三 智能功率模块功能

1. 驱动功能

IPM 内的 IGBT 芯片都选用高速型,而且驱动电路紧靠 IGBT 芯片,驱动延时小,所以 IPM 开关速度快,损耗小。IPM 内部的 IGBT 导通电压降低,开关速度快,故 IPM 功耗小。

具体参考前几节讲的 IGBT 的驱动电路。

2. 保护功能

出现过电压、过电流(过载或直接短路引起的过电流)和过热等故障时,自身先停止本 IGBT 的驱动,同时将检测信号送到上部控制器,控制停止全部 IGBT 的驱动,并对外输出故障码。

(1)过电流保护功能

IPM 实时检测 IGBT 电流,当发生严重过载或直接短路引起的过电流时,IGBT 将被软关断,同时送出一个故障信号。

(2)过热保护功能

在靠近 IGBT 的绝缘基板上安装了一个温度传感器,当基板过热时,IPM 内部控制电路将截止栅极驱动,不响应输入控制信号。

(3)欠电压保护功能

驱动电压过低(一般为 15V)会造成驱动能力不够,增加导通损坏,IPM 自动检测驱动电源电压,当低于一定值超过 $10\mu s$ 时,将截止驱动信号。

(4)其他功能

IPM 内藏相关的外围电路,无须采取防静电措施,大大减少了元件数目,体积相应减小。桥臂对管互锁是在串联的桥臂上,上下桥臂的驱动信号互锁,有效防止上下臂同时导通。优化的门极驱动与 IGBT 集成,布局合理,无外部驱动线,抗干扰能力强。

四 驱动和保护

图 6-21 所示为单个 IPM 模块内部的驱动及保护电路框图。

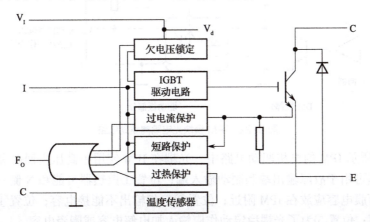

图 6-21 单个 IPM 模块内部的驱动及保护电路(含一个 IGBT 驱动 + 四个保护电路)

V_I、I、F_O、C 为控制端子,C、E 为主端子

如果 IPM 内部四种保护电路中的一种保护电路工作，IPM 输出一个故障信号 FO（Fault Output，故障输出），IPM 自身先停止本 IGBT 的驱动，同时将检测信号送到上部控制器，控制停止 IPM 整个模块的全部 IGBT 的驱动，并对外输出故障码。

1. 控制驱动电源欠电压锁定（UV）

如果某种原因导致控制电压符合欠电压条件，该功率器件会关断 IGBT 并输出故障信号。如果毛刺电压干扰时间小于规定的时间 T_d（UV）则不会出现保护动作。

2. 过热保护（OT）

在绝缘基板上安装有温度探头或测温二极管，如果超过数值 IPM 会截止栅极驱动，直到温度恢复正常（应避免反复动作）。

3. 过电流保护（OC）

如果 IGBT 的电流超过数值，并大于关断时间 T_{off}（OC），典型值为 10μs，IGBT 被关断。超过 OC 数值，但时间小于关断时间 T_{off}（OC）的电流，并无大碍，故 IPM 不于处理。当检测出过电流时，IGBT 会被有效的软关断。

4. 短路保护（SC）

当发生负载短路或上下臂直通时，IPM 立即关断 IGBT 并输出故障信号。注意：过流采样和短路采样采用同一回路。

五 IPM 与微控制器的隔离

1. IPM 的光电隔离驱动

为防止主电路强电损坏控制器电路，图 6-22 所示在微控制器输出的反向器部分和 IPM 模块之间增加了光电隔离驱动电路。

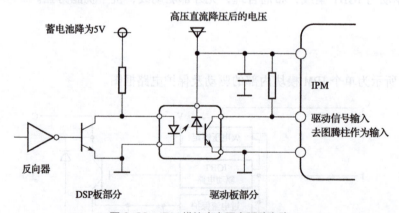

图 6-22 IPM 模块光电隔离驱动电路

在图 6-23 所示 IPM 的电机驱动电路中，光耦在 IPM 使用中高压主回路和低压回路中要注意，低速光耦可用于故障输出端和制动输入端；位置①散热器可能和 N 侧一样接地；位置②平滑电容和薄膜电容应放在 IPM 附近；位置③三相输出不能接电容；位置④输入端子和光耦间配线尽量短；位置⑤为了光耦稳定动作应输入加电解电容或陶瓷电容。

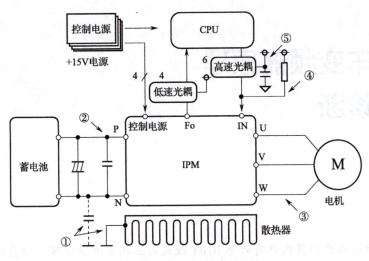

图 6-23　IPM 的电机驱动电路

复习题

1. 填空题

（1）常用的电力电子器件有_____、_____、_____、_____、_____。

（2）电力晶体管有_____、_____、_____三个电极。

（3）电力场效应晶体管有_____、_____、_____三个电极。

（4）IGBT 有_____、_____、_____三个电极。

（5）智能功率模块 IPM 在 IGBT 的外围集成了_____和_____电子电路。

2. 判断题

（1）电力二极管可用于高电压、大电流的整流。（　　）

（2）电力晶体管可用于高电压、大电流的开关电路。（　　）

（3）电力场效应晶体管是电压驱动电流的元件。（　　）

（4）IGBT 的输入是电力场效应晶体管，输出是电力晶体管。（　　）

（5）智能功能模块是带有驱动和诊断电子电路的 IGBT。（　　）

3. 画图并说明

（1）画出一个一单元 IGBT 模块的符号。

（2）画出一个两单元 IGBT 模块的符号。

（3）画出一个六单元 IGBT 模块的符号。

（4）画出图 6-17 所示 2SP0115T SCALE-2 驱动器的框图，并说出各引脚的功能。

（5）画出图 6-18 所示全桥智能功能模块，并说出各引脚的功能。

项目七
电动汽车变频器原理与故障诊断

🔸 情境引入

1. 师傅告诉小林变频器内部有六个 IGBT 组成的三相全桥逆变器，但直流是如何变为三相交流的并没有说明，也没有提及如何快速维修。

2. 三相电机在变频器给三相交流电后就应转动起来，为什么在电机上还要有检测电机转子位置和转速的传感器呢？而且变频器内部为什么还要有电流传感器呢？

3. 车间里一辆吉利 EV300 纯电动汽车上电 READY，却无法行驶，师傅说各控制器的供电、接地已检查过，变频器控制器内部没有故障码存在，但直觉是变频器损坏。对变频器进行绝缘检测后，发现三相输出中的一个输出对变频器壳体的电阻为 48MΩ，与其他两相的 9.1GΩ 相比有很大差异，决定更换变频器。

🔸 学习目标

1. 能说出汽车变频器内部的五个组成部分。
2. 能说出汽车变频器三相全桥逆变器的逆变过程。
3. 能进行汽车变频器的总线信号说明。
4. 能说出旋转变压器的材料、结构，并说明位置及转速检测如何实现。
5. 能说出直流电流传感器的结构，并说明电流检测如何实现的。
6. 能按黑盒子方法进行变频器故障判断。
7. 能按模块更换方法进行变频器的维修。

任务一　电机传感器原理与故障诊断

一　电机转子位置传感器原理与诊断

（一）电机转子磁极定位

1. 电机转子磁极定位

（1）为什么要对转子进行初始磁极定位

电动汽车的电机转动方向由驾驶员通过变速杆控制，当变速杆位于 D 位时电机正转，车辆前进；变速杆位于 R 位时电机反转，车辆后退；变速杆位于 N 档时电机停转。

永磁电机转子的转动方向与转子在定子中的位置有关。即使变频器的电力开关管的换相信号每次输出的三相电压的相位相同，电机也会出现与驾驶员的要求不同的情况。比如当变速杆位于 D 位时仍会出现电机反转车辆后退的现象。

（2）如何对转子进行初始磁极定位

为了防止上述情况的发生，先要在定子中通入一个瞬间电流，让电机的定子产生一个固定的空间磁场，这时永磁转子会受定子磁场力的作用，找到一个与定子线圈相对固定的位置，在这个固定的相对位置上，变频器再根据变速杆是 D 位还是 R 位进行控制。

电机在每次停转之后到起动过程都要进行一次转子定位，转子定位是否成功可从电机转子位置传感器的状态得出。

2. 电机转子位置识别

电机起动时的初始定位需要电机转子位置传感器识别，电机的运行也需要对电机转子位置进行识别，因为电机转子在运动过程中将转子磁极的位置信号转换成电信号，为逻辑开关电路提供正确的换相信息，以控制功率管的导通与截止，使电枢绕组中的电流随着转子位置的变化按次序换向，形成气隙中的旋转磁场，驱动永磁转子连续不断地旋转。

电机转子位置传感器分为有传感器型和无传感器型两种。

（1）有位置传感器型

位置传感器的种类一般有旋转变压器式、霍尔式、电磁式、光电式、磁敏式五种。但从抗温度影响、抗污染、抗振动方面，目前旋转变压器式（图7-1）和霍尔式（图7-2）有着广泛的应用，特别是旋转变压器式传感器在电动汽车上应用最为广泛。

图7-1　旋转变压器式电机位置传感器

图7-2　霍尔式电机位置传感器

▶ 思考：电机变频器内的 IGBT 若是不能正确反映转子位置，导通角偏差会引起电机额外的损耗。安装时转子位置传感器有偏差，是否可能造成不正确的导通角？

（2）无位置传感器型

电机静止时转子停留的位置决定了逆变器第一次应触发哪两个电力开关管，而在没有位置传感器时判断转子初始位置很复杂。可以先让逆变器任意两相导通，并控制电机电流，通电一段时间后，转子就会转到与该导通状态相对应的一个预知位置，完成转子的定位。转子定位后，根据变速杆的位置（D 或 R），可知道接下来应触发的逆变器功率器件。基于以上这种想法人们提出了三段式起动法。三段式起动法是信号发生器控制同步电机的运行状态，从静止开始加速，直至转速足够大产生可识别的反电势信号，再切换至反电势法控制无刷电机运行状态，实现电机起动。这个过程包括转子定位、加速和运行状态切换三个阶段，因此称"三段式起动法"。

无位置传感器型的其他测量方法有预定位起动法、升频升压同步起动法、短时检测脉冲转子定位起动法等，本书不再介绍。

（二）电机转子位置传感器

以应用最广的旋转变压器式电机位置传感器为例介绍。

1. 组成与信号输出

电机位置传感器检测电机转子的转速和位置，传感器采用旋转变压器式。如图7-3所示，旋转变压器式电机位置传感器为有源传感器，其本质是三个线圈。A线圈为励磁信号、B线圈为正弦（$\sin\theta$）波输出，C线圈为余弦（$\cos\theta$）波输出，波形如图7-4所示。

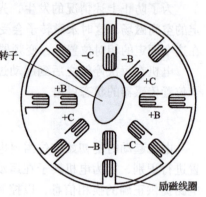

图7-3 旋转变压器原理示意图

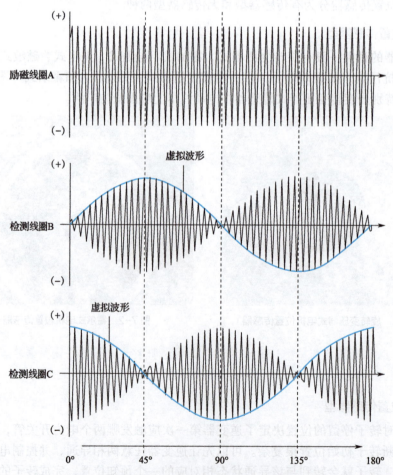

图7-4 旋转变压器式电机位置传感器A线圈输入信号和线圈B、C输出信号

2. 工作原理

旋转变压器式电机位置传感器的作原理如下：

变频器控制器产生一个正弦波电压信号输入给 A 线圈，使 A 线圈产生励磁。A 线圈产生励磁在空间上通过 B 线圈和 C 线圈，因此 B 线圈产生稳定的正弦波输出，C 线圈产生稳定的余弦波输出。

电机转子的端部用硅钢片做出一个信号轮，信号轮的转动改变了 A 线圈励磁在空间上通过 B 线圈和 C 线圈的数量，从而改变了 B 线圈和 C 线圈输出的瞬时值。

B 线圈和 C 线圈输出的电压瞬时值输回给变频器控制器进行解析，过程可简单地理解为 B 线圈和 C 线圈输出的电压值的比值可解析出电机转子在定子中的位置。

3. 旋转变压器诊断

（1）诊断仪诊断

变频器直接接收旋转变压器的信号，对电机转子位置、转速、方向进行识别，变频器也对旋转变压器进行故障诊断。首先要用诊断仪连通变频器（有的车型要通过整车控制器来连接变频器），通过诊断仪读取变频器自诊断出的故障。

（2）线圈电阻测量

通常 A 线圈电阻为十几欧姆，B 线圈和 C 线圈电阻也是十几欧姆且相同，通常比 A 线圈电阻高出几欧姆。

（3）波形测量

在 A 线圈测量变频器控制器产生的正弦波电压信号，若无波形输出则更换变频器控制器。测量 B 线圈产生稳定的正弦波输出，C 线圈产生稳定的余弦波输出，若 B 线圈和 C 线圈有稳定的输出即可。也可以再进一步测量在转动车轮后 B 线圈产生的正弦波和 C 线圈产生的余弦波输出，以判定电机转子端部的信号轮是否正常。这样测量不如拆开电机看电机转子端的信号轮更直接和有效，不过在就车讲解原理时非常有效。

二 电机相电流传感器原理与诊断

（一）作用

1. 电池电流传感器

在电动汽车的动力电池直流正极电缆或负极电缆上通常设置一个电流传感器，作用如下：

1）用于电池充电电流、放电电流监测，实现电池动态 SOC 的计算。

2）用于电池最大电流监测，在电池过流前将配电箱的上电继电器断开或降低高压元件的功率输出。

3）其他高压元件的分电流和应为总电流，因此可以用于故障监测。

2. 电机相电流传感器

在变频器内部，给电机的 U、V、W 三相输出电路上，通常取两相或三相设置两个或三个传感器，两个电流传感器根据电流节点定律，可推算出第三相的电流，用三个电流传感器是一种冗余控制。

三相电流信号作为 CLARKE 变换的输入信号,来计算 IGBT 的导通角;相线过电流的监测信号;故障监测的信号。

(二)工作原理

1. 直测式电流传感器(CS 系列)

众所周知,当电流正向通过一根长导线时,在导线周围将产生一磁场,这一磁场的大小与流过导线的电流成正比,磁场通过磁芯聚集感应到霍尔器件上并使其有一正向信号输出,如图 7-5 所示。这一信号经运算放大器放大后可以直接输出 V_S,这时是 $+V_C$ 向地导通。电流反向通过导线时,霍尔器件上并使其有一反向信号输出。这一信号经运算放大器放大后可以直接输出 V_S,这时电流是从地向 $-V_C$ 导通。

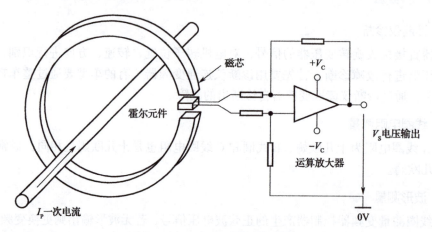

图 7-5 直测式电流传感器基本原理

2. LEM 磁平衡式电流传感器(CSM 系列)

磁平衡式电流传感器也称补偿式传感器,即主回路被测电流 I_P 在聚磁环处所产生的磁场通过一个次级线圈电流所产生的磁场进行补偿,从而使霍尔器件处于检测零磁通的工作状态。

根据安培定律,流过导体的电流 I 会在该导体周围产生一个磁场。这个磁场可用一个高导磁率的磁路来测量。绕在磁路的 N 匝绕卷,如果通以 $1/N$ 的反向电流,就可消除一次电流 I_P 所产生的磁场。通过沿磁路安装的磁通探测器(霍尔传感器)检测铁心间隙中的磁通。如果磁通不为零,霍尔传感器就会有(一次、二次磁通不平衡的偏差)电压信号输出。该信号经高增益放大器放大后,再调节二次电流以抵消一次、二次侧匝数不平衡所产生的偏差,在铁心中,始终保持二次电流所产生的磁通能够抵消原边电流 I_P 所产生的磁通。

其主要特点是磁路铁心不会饱和。邻近电流传感器的导电母线排所产生的外部磁场会对磁平衡式霍尔检零电流传感器的准确测量有一定影响。LEM 采取的办法是使用补偿线圈补偿。

工作原理:当电流正向通过一根长导线时,在导线周围将产生一磁场,这一磁场的大小与流过导线的电流成正比,磁场通过磁心聚集感应到霍尔器件上有一正向信号输出(图 7-6)给 NPN 晶体管的基极,这时输出电流从 $+V_C$ 流出经 NPN 晶体管、补偿线圈、测量电阻 R_M 向地构成回路。电流反向通过导线时,霍尔器件上有一反向信号输出给 PNP 晶体管的基极,这时输出电流从地经测量电阻 R_M、补偿线圈、PNP 晶体管、$-V_C$ 构成回路。

项目七 电动汽车变频器原理与故障诊断　101

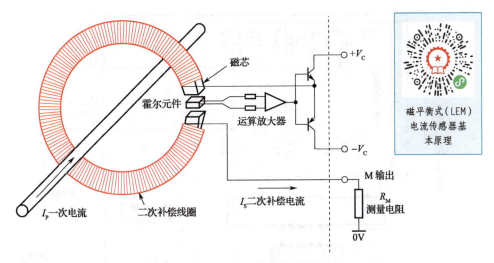

图 7-6　磁平衡式（LEM）电流传感器基本原理

> **技师指导**　霍尔电流传感器在直流检测中同样具有电隔离，因而扩展了它的应用范围，在输出直流的电力电子设备中，可以利用霍尔电流传感器测得与生电路隔离的直流测量信号，通过电子控制电路用于直流测过电流、短路保护和显示等，还可具有电流反馈、稳流调节等作用。

电动汽车变频器可称为功率电子单元（Power Electronic Unit，PEU），内置电机控制器（Motor Control Unit）。

任务二　三相逆变过程与电机控制认知

一　三相逆变过程

电机的转矩控制本质是两个要素的控制，第一是什么时间控制开关管导通；第二是开关管导通持续的时间（电角度）是多少。

（一）变频器的三相逆变桥

小功率低速电动汽车电机变频器的控制原理如图 7-7a 所示，$VT_1 \sim VT_6$ 这 6 个电力 MOSFET 组成变频器的三相逆变桥。变频器内的电机控制器上的电机微控制芯片（MCU）接收电机解角传感器信号，此处采用 H_A、H_B 和 H_C 三个霍尔传感器信号进行解角。解角信号经微控制芯片（MCU）处理后，电机微控制芯片（MCU）输出 6 路脉冲波（PWM 波），脉冲波经光电隔离电路和反相驱动电路后接入 6 个电力 MOSFET 的控制栅极（G），三相逆变桥实现将直流电逆变为三相交流电给电机。

当汽车采用大功率汽车电机时（图 7-7b），6 个电力 MOSFET 替换为 6 个集成栅极的双极型晶体管（IGBT）。电机解角传感器采用旋转变压器来监测转子位置和转速，旋转变压器的位置监测精度和环境适应性要比霍尔传感器高，但旋转变压器的成本和旋变信号处理芯片成本要比霍尔传感器高得多。

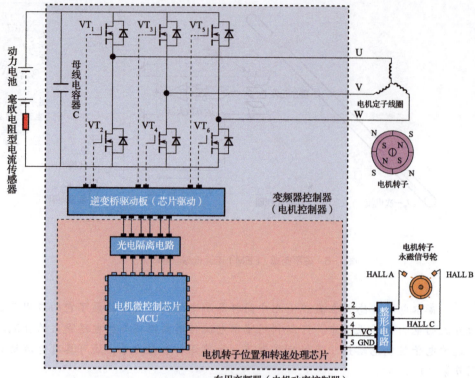

a）低速电动汽车变频器控制原理

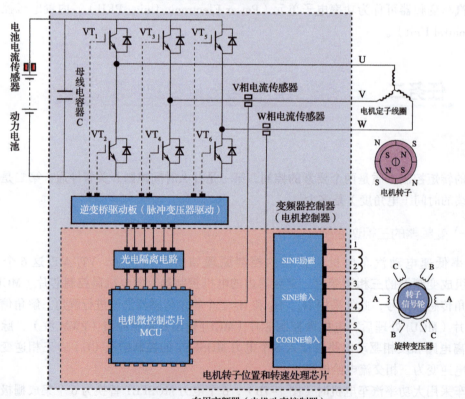

b）高速电动汽车变频器控制原理

图 7-7 电动汽车电机变频控制原理

（二）电流导通方式

目前电动汽车无刷直流电机驱动方式为全桥驱动方式，由 VT_1~VT_6 六只电力开关管构成的全桥可以控制三相绕组 U、V、W（有的书写为 A、B、C 三相绕组）的通电状态。按照电力开关管的通电方式可分为"两两导通（120°导通）"和"三三导通（180°）"两种控制方式。

1. 两两导通

在两两导通方式下，每一瞬间有两个电力开关管导通，每隔 1/6 周期即 60°电角度换相一次。每次换相一个功率管，每只电力开关管持续导通 120°电角度。每个绕组正向通电，反向通电各 120°电角度。对应每相绕组持续导通 120°电角度，在此期间对于单相绕组电流方向保持不变。假设流入绕组的电流产生正的转矩，流出绕组的电流产生负的转矩。每隔 60°电角度换相一次意味着每隔 60°电角度合成转矩方向转过 60°电角度，大小保持为 $\sqrt{3}$ 倍的转矩。

"两两导通"要比"三三导通"好理解，为了便于说明以"两两导通"为例，电机转动以 60°出现一次换流，如图 7-8 所示为电机定子的"两两导通"控制方式。

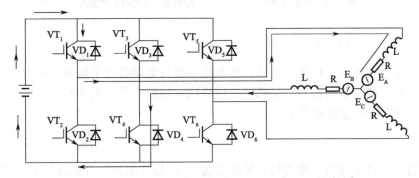

图 7-8 电机定子的"两两导通"控制方式（IGBT 管换流）

"两两导通"工作原理如下：

以电机转子在 0°为始点，先让 VT_1 导通 120°电角度，在这期间 VT_4 先导通 60°，电流先经 VT_1→U 相→V 相→VT_4 流至蓄电池负极。控制 VT_4 截止，再控制 VT_6 导通 60°电角度，电流先经 VT_1→U 相→W 相→VT_6 流至蓄电池负极。电动机转动 120°，距始点为 120°。

以电机转子在 120°为始点，让 VT_3 导通 120°电角度，在这期间 VT_2 先导通 60°，电流先经 VT_3→V 相→U 相→VT_2 流至蓄电池负极。控制 VT_2 截止，再控制 VT_6 导通 60°电角度，电流先经 VT_3→V 相→W 相→VT_6 流至蓄电池负极。电动机转动 120°，距始点为 240°。

以电机转子在 240°为始点，让 VT_5 导通 120°电角度，在这期间 VT_2 先导通 60°，电流先经 VT_5→W 相→U 相→VT_2 流至蓄电池负极。控制 VT_2 截止，再控制 VT_4 导通 60°电角度，电流先经 VT_5→W 相→V 相→VT_4 流至蓄电池负极，电动机转动 120°，距始点为 360°，完成一个圆周运动。

只要根据磁极的不同位置，以恰当的顺序去导通和阻断各相出线端所连接的可控晶体管，始终保持转子线圈所产生的磁动势领先磁极磁动势一定电角度的位置关系，便可使该电动机产生一定方向的电磁转矩而稳定运行。

另外，通过借助逻辑电路来改变电力开关管的导通顺序，即可实现电动机正反转。

电机的"两两导通"方式和发动机的进、排气门开启有些类似，有些类似于发动机的两气门"一进一排"方式。

2. 三三导通

每一瞬间有三只电力开关管通电，每 60° 电角度换相一次（图 7-9），每只电力开关管通电 180° 电角度。对于三三通电方式，每一瞬间有三只电力开关管导通，每隔 60° 电角度换相一次，每一电力开关管通电 180° 电角度。每隔 60° 电角度换相一次意味着每隔 60° 电角度合成转矩方向转过 60° 电角度，合成转矩大小为 1.5 倍的转矩。

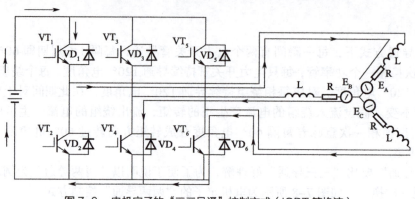

图 7-9　电机定子的"三三导通"控制方式（IGBT 管换流）

（三）定时和定量控制

电动机的定子绕组为三相星形联结，位置传感器与电动机转子同轴，控制电路对位置信号进行逻辑变换后产生驱动信号，驱动信号经驱动电路放大后控制变频器的电力开关管，使电动机的各相绕组按一定的顺序工作。

1. 三相电流定时控制

三相原始电机转子相当于指南针，N 极磁场 F_d 总是试图指向合成磁场 F_a，磁场 F_a 的大小以及 F_a 和 F_d 的夹角是控制系统要控制的内容，图 7-10 所示为无刷直流电机系统，说明了无刷直流电机定时控制的作用。

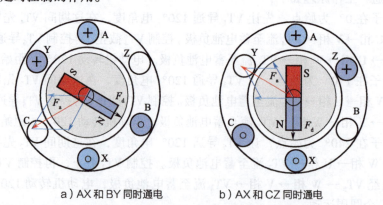

a）AX 和 BY 同时通电　　b）AX 和 CZ 同时通电

图 7-10　电动机三相电流定时控制作用

> **技师指导**　F—Field 磁场；d—direct 直轴；a—alternative 交轴。

2. 三相电流定量控制

在三相定子线圈的两两导通或三三导通方式中，控制 IGBT 的导通角内导通时间接近全导通时定子线圈的电流就大，产生的转矩就大。反之，控制 IGBT 有较小的导通时间则定子线圈的电流就小，产生的转矩就小。

二、汽车变频器

（一）汽车变频器

工业变频器是将三相或单相交流电先经整流桥整流成直流，再经逆变桥转成三相交流。电动汽车变频器的电源本身已经为直流，直接经逆变桥转成三相交流，且变频器输出的交流电的频率是可调的。

> **技师指导** 整流和逆变是一个互逆的过程。

整流器是把交流变成直流的装置。整流器种类有单管单相半波整流、四管单相全桥整流、六管三相全桥整流器。

变频器是把直流变成交流的装置。种类有单管单相变频器、四管单相全桥变频器、六管三相全桥变频器。电动汽车电机采用三相全桥变频器，按导通控制分为两两导通和三三导通两种。

变频器的高压核心是逆变桥，低压核心是变频器内部的控制器，也称电机控制器。

（二）汽车变频器内元件

1. 变频器控制单元

变频器控制单元接收来自纯电动汽车整车控制单元或混合动力汽车控制单元通过 CAN 总线发送过来的传来的电机转矩需求信号，根据电机转子转速信号、电机转子位置信号和三相电机各相电流信号产生驱动逆变桥驱动单元的定时弱信号。

变频器控制单元的核心是数字信号处理器（Data Signal Processor，DSP），作用是从混合动力控制单元（HV-ECU）或纯电动汽车控制单元（EV-ECU）接收发送过来的转矩信号，数字信号处理器（DSP）根据汽车电机反馈的转速和相电流信号，输出控制电机达到控制目标的控制脉冲来驱动智能逆变桥（IPM）。

图 7-11 所示为一汽 B50EV 纯电动汽车变频器总成。

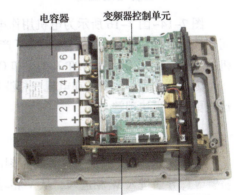

图 7-11　一汽 B50EV 纯电动汽车变频器总成

2. 电容器

逆变桥的直流输入端并联有大容量的电容器，可以在放电阶段提供储能器的作用，由于直流放电电容没有内阻，可使电机加速更快。在充电阶段，可减小大电流对蓄电池的负面作用，还有滤波效果。

3. 逆变桥驱动单元

图 7-12 所示为驱动单元和逆变桥。接收来自变频器控制单元的定时弱信号，将这个信号转换成能驱动逆变桥的 15V 正脉冲，或 5~10V 负脉冲。

4. 逆变桥单元

如图 7-13 驱动单元和双单元 IGBT 模块。在逆变桥单元是由三个双单元 IGBT 模块组成，它把直流变成三相交流，给三相永磁直流无刷电机供电。

三个两单元IGBT模块组成逆变桥

图 7-12 驱动单元和逆变桥

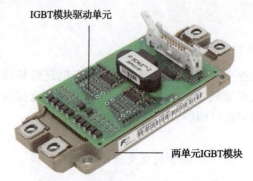

图 7-13 驱动单元和双单元 IGBT 模块

若逆变桥出现故障，如欠电压保护、过电压保护、过电流保护、过热保护、短路保护信号等，IPM 通过串行故障输出端口传送给变频器控制器。

5. 电流传感器

为实现电流的精确反馈控制，在变频器的三相输出中要采用电流传感器进行精确的反馈。

三 电动和发电过程

（一）电机电动控制

图 7-14~图 7-16 所示为电机用作电动机时的基本控制。IPM 内的 IGBT 在 ON 和 OFF 之间切换，为电机提供三相交流。为了产生由动力管理控制 ECU（HV－ECU）计算的所需电机的动力，MG ECU 使 IGBT 在 ON 和 OFF 之间切换并控制速度以控制电机的转速。

为了简化理解，我们在电机三相波形取点时取其中一相恰好幅值为 0 这种两两导通方式，这样更利于更快理解。

1. W 相流向 V 相控制（U 相幅值为 0）

如图所示 7-14 示，在右图的时刻图中，W 相电压最高，V 相电压最低，此时电流经上桥臂 VT_5 导通进入 W 相进入，从 V 相输出，经下桥臂 VT_4 流回负极。

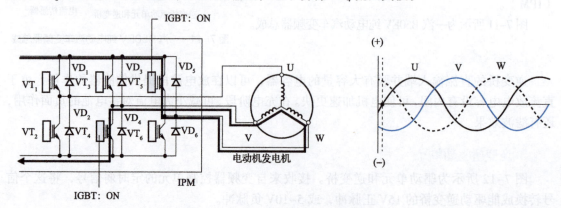

图 7-14 W 相流向 V 相控制（U 相幅值为 0）

2. U 相流向 W 相控制（V 相幅值为 0）

如图所示 7-15 示，在右图的时刻图中，U 相电压最高，W 相电压最低，此时电流经上桥臂 VT_1 导通进入 U 相进入，从 W 相输出，经下桥臂 VT_6 流回负极。

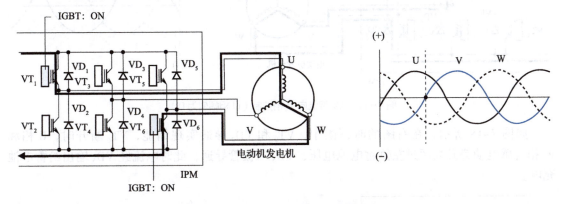

图 7-15　U 相流向 W 相控制（V 相幅值为 0）

3. V 相流向 U 相控制（W 相幅值为 0）

如图 7-16 所示，在右图的时刻图中，V 相电压最高，U 相电压最低，此时电流经上桥臂 VT_3 导通进入 V 相进入，从 U 相输出，经下桥臂 VT_2 流回负极。

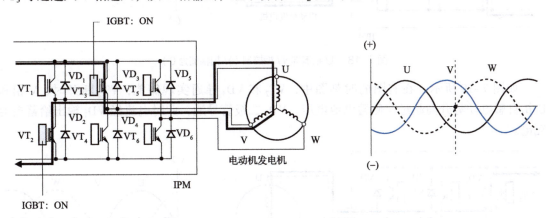

图 7-16　V 相流向 U 相控制（W 相幅值为 0）

技师指导　以上只是六种状态中的三种状态，上桥臂的一个 IGBT 导通时，下桥臂可有两个 IGBT 导通，故有两种状态。

（二）电机发电控制

图 7-17~图 7-19 描述了电机用作发电机时的基本控制。由车轮驱动的电机的 3 个相依次产生的电流用于对 HV 蓄电池充电或驱动另一电机。

如图 7-17 所示，在右图的时刻图中，VT_4 和 VD_6 导通实现储能，VT_4 断开时，W 相和 V 相自感电动势升高超过左侧蓄电池电压，VD_3 二极管导通，此时电流经 VD_3 输出给蓄电池充电。

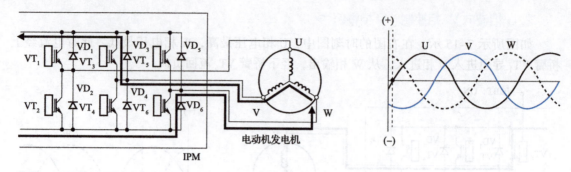

图 7-17　W 相流向 V 相控制（U 相幅值为 0）

如图 7-18 所示，在右图的时刻图中，VT_6 和 VD_2 导通实现储能，VT_6 断开时，U 相和 W 相自感电动势升高超过左侧蓄电池电压，VD_5 二极管导通，此时电流经 VD_5 输出给蓄电池充电。

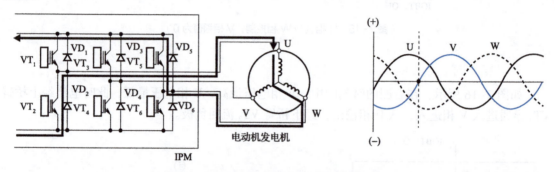

图 7-18　U 相流向 W 相控制（V 相幅值为 0）

如图 7-19 所示，在右图的时刻图中，VT_2 和 VD_4 导通实现储能，VT_2 断开时，V 相和 U 相自感电动势升高超过左侧蓄电池电压，VD_1 二极管导通，此时电流经 VD_1 输出给蓄电池充电。

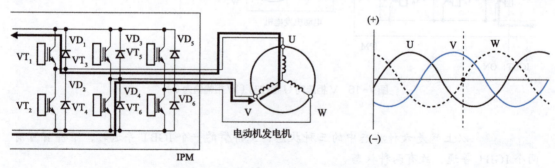

图 7-19　V 相流向 U 相控制（W 相幅值为 0）

四　电动汽车电机控制

（一）换档申请控制

图 7-20 示为线控变速杆的换档申请控制，线控换档控制器为 4 级传感器，也就是具有微控制器（MCU）的 ECU 级传感器。

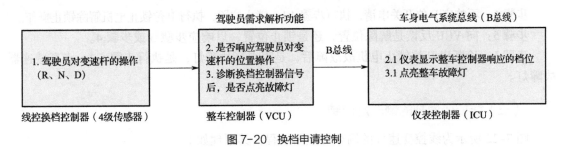

图 7-20 换档申请控制

其工作原理如下:

步骤 1:驾驶员对变速杆进行 R 位、N 位、D 位的操作。

在整车控制器(VCU)内解析驾驶员需求后进入步骤 2:是否响应驾驶员对变速杆的位置操作。信息经车身电气系统总线(B 总线)发给仪表,仪表进入步骤 2.1:仪表显示整车控制器响应的档位。

在整车控制器(VCU)内执行步骤 3:诊断换档控制器信号后,是否点亮故障灯。若整车控制器(VCU)存有故障码,这个信息经车身电气系统总线(B 总线)发给仪表,仪表进入步骤 3.1:点亮整车故障灯。

(二)驻车锁止控制(P 位)

图 7-21 所示为驻车锁止控制(P 位)过程,其原理如下:

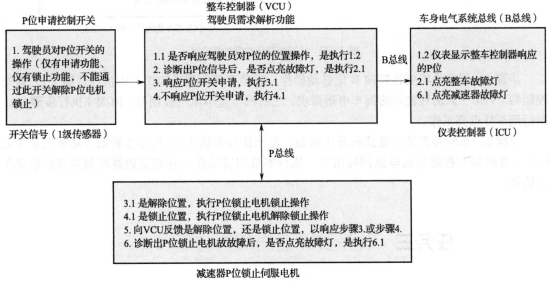

图 7-21 P 位驻车锁止控制

P 位申请控制步骤 1:驾驶员对 P 位开关的操作(仅有申请功能、仅有锁止功能,不能通过此开关解除 P 位电机锁止)开关信号(1 级传感器)。步骤 1.1:是否响应驾驶员对 P 位开关的操作,通过整车控制器(VCU)实现驾驶员需求解析功能,是执行步骤 1.2:仪表显示整车控制器响应的 P 位。

步骤 2:整车控制器(VCU)诊断出 P 位信号后,是否点亮故障灯,是则信息经车身电气系统总线(B 总线)给仪表,仪表执行步骤 2.1:点亮整车故障灯。

步骤 3:响应 P 位开关申请,执行步骤 3.1:解除位置,执行 P 位锁止电机锁止操作。

步骤4：不响应P位开关申请，执行步骤4.1：锁止位置，执行P位锁止电机解除锁止操作。

步骤5：向VCU反馈是解除位置，还是锁止位置，以响应步骤3或步骤4。

步骤6：诊断出P位锁止电机故故障后，是否点亮故障灯，是执行步骤6.1：点亮减速器故障灯。

（三）线控变速杆的倒车灯控制

图7-22所示为线控变速杆的倒车灯控制过程，其原理如下：

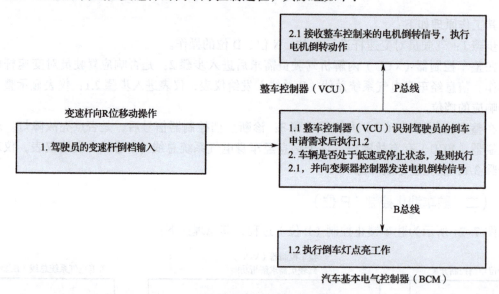

图7-22　线控变速杆的倒车灯控制

步骤1：驾驶员将变速杆向R位移动操作，在整车控制器（VCU）内执行步骤1.1：整车控制器（VCU）识别驾驶员的倒车申请需求，之后汽车基本电气控制器（BCM）执行步骤1.2：执行倒车灯点亮工作。

步骤2：车辆是否处于低速或停止状态，是则执行步骤2.1：汽车变频器（功率电子单元PEU）接收整车控制来的电机倒转信号，执行电机倒转动作，并向变频器控制器发送电机倒转信号。

任务三　典型变频器的结构与拆装

一　吉利纯电动汽车变频器

> **技师指导**　吉利系列EV300、EV350及EV450变频器内部结构和原理相同，本节以EV300为例进行介绍。

（一）变频器组成

图7-23所示为2017款吉利EV300电动汽车的变频器，变频器除了将直流电变换为交流

电外,还内置了 12V DC/DC 变换器功能。图 7-23 中左侧两接柱分别对应壳体上标注的"T+"直流正、"T-"直流负,中间部位的两孔插座是变频器的互锁开关座,当变频器盖取下后,两孔间的连接被断开,电池箱里的电池管理系统(BMS)收到信号后,控制电池管理系统(BMS)下部高压配电箱中的主供电继电器断开,实现高压防护。右侧三个端子分别对应壳体上的 W、V、U 相,这三个端子外接电机。

打开变频器上盖后,如图 7-24 所示,左侧半个黑色塑料件可直接取下,可见电容器,绿色印制电路板(PCB 板)为逆变桥的驱动板,驱动板通过排线与下侧的电机控制器(MCU)通信。一个金属屏蔽盖在电机控制器(MCU)上部,左侧白色插头是变频器盖互锁开关的信号线,即变频器盖互锁开关先进电机控制器(MCU),由电机控制器(MCU)通过 CAN 总线给电池管理系统(BMS)发送互锁开关断开的信息。

图 7-23　吉利 EV300 电动汽车的变频器(2017 款)

图 7-24　吉利 EV300 变频器总体简介(2017 款)

绿色的逆变桥驱动板和 U、V、W 三个输出之间的白色部分是电机的相电流传感器。最右侧上下各有一个插座,上边的两端子插座为 12V DC/DC 变换器,下部多孔插座为变频器控制器和 DC/DC 变换器控制器的共用插座。

(二)各部分作用

1. 电容器

左侧两个电容器并联在直流母线上,如图 7-25 所示,可临时存储锂离子电池的电能,也可接收变频器斩波发电产生的电能。不过由于此电容器的介入,在主供电继电器上必须设置预充继电器。

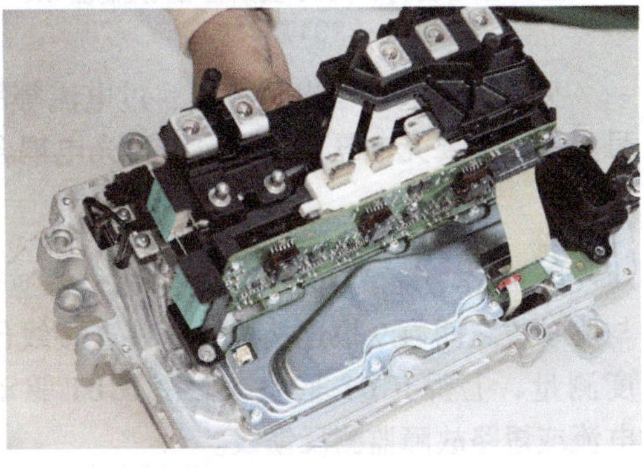

2. 电流传感器

电动汽车的电机控制器要实现精确的电机转

图 7-25　吉利 EV300 变频器内左侧蓝绿色电容器、三个白色电流传感器(2017 年款)

矩控制,要通过控制逆变桥的驱动时刻和驱动时间,并测量电机的实际电流来修正控制逆变桥的驱动时刻和驱动时间,以达到更精确的目的。在控制上,电机电流是控制目标,实现手段是控制逆变桥的驱动时刻和驱动时间。

3. 电机控制器

变速杆整车控制器传送的要求电机正转、停转、反转的信息,加速踏板信号在整车控制器中查出此时的电机转矩是多少,通过 CAN 总线发给电机控制器(MCU),电机确定电机电流的大小。电机控制器(MCU)要实现电机电流的大小控制要接电机解角传感器信号、电机相电流信号。电机解角传感器可实现电机转子的转速、位置和方向的判别。

在图 7-26 中左侧的两根导线将锂离子高压电池的直流电向下给 12V DC/DC 变换器供电，经板下的 DC/DC 变换器处理后，在右侧两接柱上输出标称为 12V 的直流电，给 12V 铅酸蓄电池充电，实际为 DC/DC 变换器输出的直流电压在 14V 左右。

电机控制器上侧的导热硅脂下侧是通有冷却液的散热器，在散热器的下侧是 12V DC/DC 变换器。

4. 驱动板

图 7-27 所示为六个 IGBT 组成全桥逆变器的驱动板。驱动板的低压部分直接驱动逆变桥高压部分时，若逆变桥高压部分损坏高压电流串入低压的驱动板，从而也串入了电机控制器，损坏电机控制器。为了防止损坏电机控制器，电机控制器给驱动板发送的信号是通过光电或变压器隔离信号。驱动板收到经隔离转换后的信号，再在驱动板上生成驱动逆变桥的电压脉冲。在驱动板中大家会发现，有三部分电路是相同的，三部分相同的电路分别驱动一个桥臂。

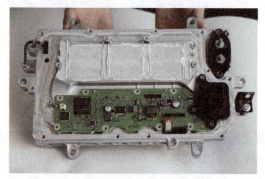 

图 7-26　吉利 EV300 变频器电机控制器 MCU（2017 年款）　　图 7-27　吉利 EV300 变频器逆变桥驱动板（2017 年款）

另外，当逆变器出现过热、过电流等故障时的信号也需要上传电机控制器（MCU），信号上传也需要光电隔离，即要通过光电耦合器来上传信号。

5. 逆变桥

图 7-28 所示为六个 IGBT 组成全桥逆变器，每两个组单桥臂，共三个单桥臂。每个桥臂与驱动板之间有 9 根连接线，这些连接线包括温度测量、上桥 IGBT 驱动、下桥 IGBT 驱动、过电流或短路故障监测反馈线。

电机控制器上侧的导热硅脂下侧是通有冷却液的散热器，在散热器的下侧是 12V DC/DC 变换器。采用双变频器拼出一个好的变频器，在更新逆变器时，一定要注意导热硅脂的数量、厚度和螺栓的力矩。

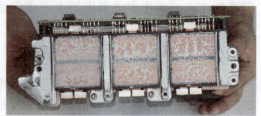

图 7-28　吉利 EV300 变频器六个 IGBT 组成全桥逆变器（2017 年款）

（三）变频器电路图

吉利电动汽车将带有 DC/DC 变换器的变频器称为功率电子单元（Power Electronic Unit, PEU），其电路图如图 7-29 和图 7-30 所示。

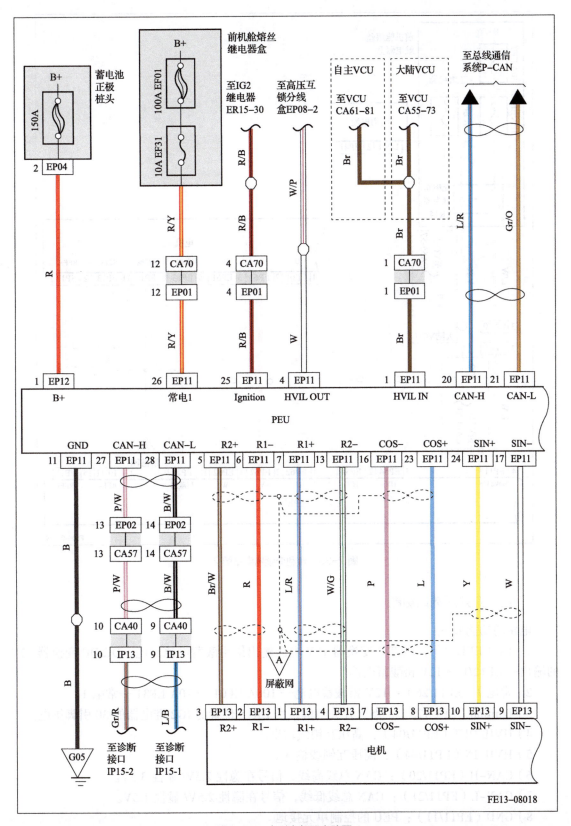

图 7-29 吉利变频器电路图 1

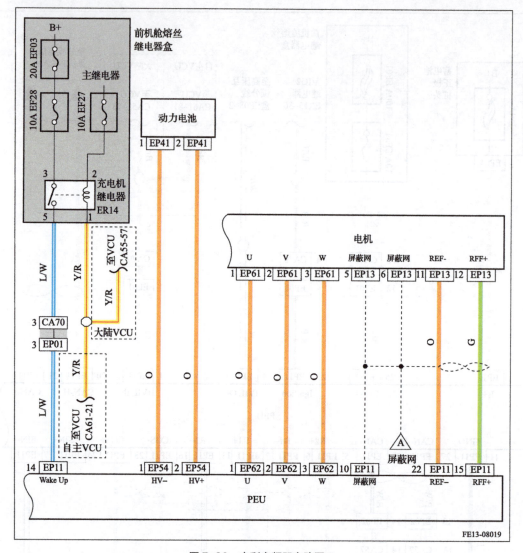

图 7-30　吉利变频器电路图 2

（四）变频器端口功能

电路的功能如下：

1）B+（EP12/1）：DC/DC 变换器 12V 电压输出给铅酸蓄电池充电，DC/DC 变换器 12V 的输出→EP12/1→12V 铅酸蓄电池。

2）常电 1（EP11/26）：12V 铅酸蓄电池→100A EF01→10A EF31→常电 1。

3）Ignition（EP11/25）：点火开关唤醒，由 ER15 位置的 IG2 继电器的 30 引脚供电。

4）HVIL OUT（EP11/04）：高压互锁线输出。

5）HVIL IN（EP11/04）：高压互锁线输入。

6）CAN-H（EP11/20）：CAN 总线高线，信号在隐性 2.5V/显性 3.5V。

7）CAN-L（EP11/21）：CAN 总线低线，信号在隐性 2.5V/显性 1.5V。

8）GND（EP11/11）：PEU 的控制单元接地。

9）CAN-H（EP11/27）：CAN 诊断总线高线，信号在隐性 2.5V/显性 3.5V，与诊断仪通信用。

10）CAN-L（EP11/28）：CAN诊断总线低线，信号在隐性2.5V/显性1.5V，与诊断仪通信用。

11）R1+、R1-（EP11/7、EP11/6）：电机定子线圈温度传感器1。

12）R2+、R2-（EP11/5、EP11/13）：电机定子线圈温度传感器2。

13）REF+、REF-（EP11/13、EP12/13）：电机转子位置传感器（旋转变压器）正弦激励信号。

14）SIN+、SIN-（EP24/11、EP17/11）：电机转子位置传感器（旋转变压器）正弦输出信号。

15）COS+、COS-（EP11/23、EP11/16）：电机转子位置传感器（旋转变压器）余弦输出信号。

16）Wake Up（EP11/14）：外界对动力蓄电池充电时，禁止变频器工作。

17）HV+、HV-（EP54/2、EP54/1）：变频器的高压供电线。

18）U、V、W（EP62/1、EP62/2、EP62/3）：变频器给电机的三相交流供电线。

二 比亚迪纯电动汽车变频器

技师指导 比亚迪系列E5和E6的变频器相比，比亚迪E6变频器更具有技术含量，同时也兼容E5的变频器，因此本书以比亚迪E6为例介绍。

（一）变频器功能

比亚迪E6纯电动MPV车型采用多功能变频器，其内部结构原理如图7-31所示，图中除电机和充电口外的结构为比亚迪E6电动汽车变频器原理图，其功能如下：

1）三相逆变功能：实现直流电变为三相交流以驱动电机的三相逆变功能。

2）车载充电机功能：实现将外界的单相或三相交流电转化为直流电给蓄电池充电。

3）移动充电站功能：实现将蓄电池的直流电转化为交流电为充电口的交流用电设备供电。

图7-31中RS1~RS14为继电器开关（Relay Switch），RD为蓄电池给变频器供电的继电器，RC为蓄电池充电继电器。

（二）功能实现原理

图7-31所示为比亚迪双向逆变器的主电路工作原理图，比亚迪双向逆变器具有变频器、车载充电机和VTOG功能。

1. 上电过程

正常变频器上电由高压配电箱中的正极主继电器（SMRP）、负极系统主继电器（NSMR）和预充电继电器（PSMR）来完成。

1）上电预充电流路径：如图7-32所示，在高压配电箱内的正极预充电继电器（PSMR）上电闭合后，电流经预充继电器开关，经RD继电器给变频器电容C0充电。

2）预充后供电电流路径：如图7-33所示，预充完成后（大约几十毫秒），在高压配电箱内的正极主电继电器（PSMR）上电，开关闭合后给变频器的逆变桥供电，电流经RD供电继电器给逆变桥供电。

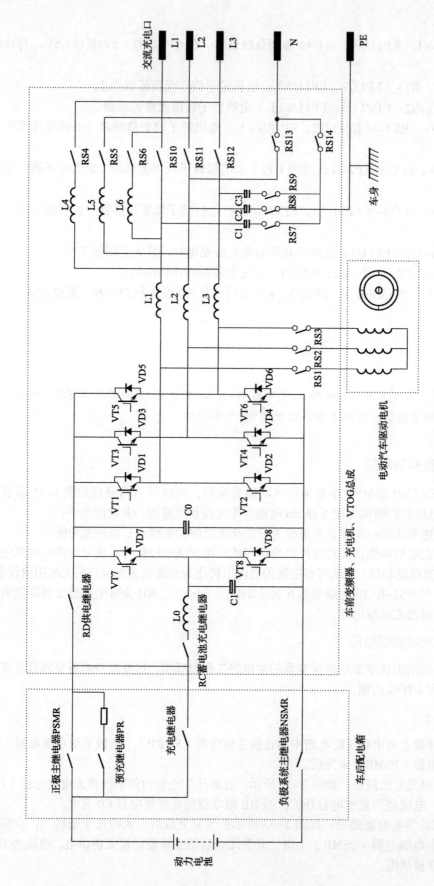

图 7-31 比亚迪双向逆变器的主电路工作原理图

项目七 电动汽车变频器原理与故障诊断 117

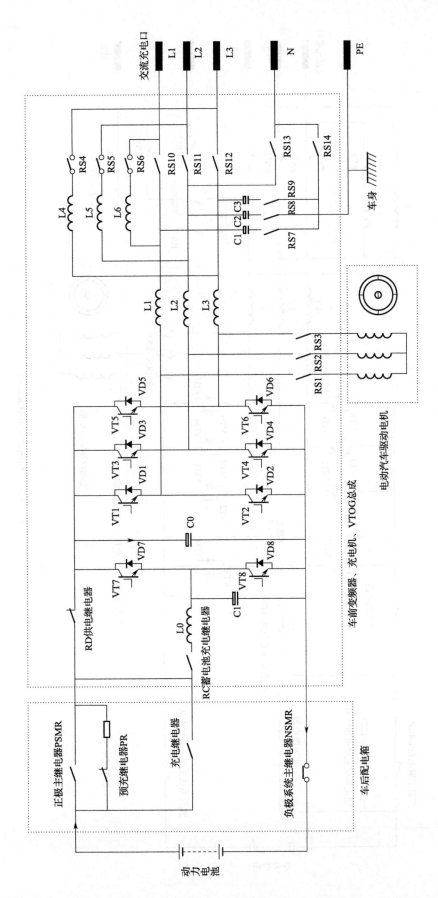

图 7-32 上电预充电流路径

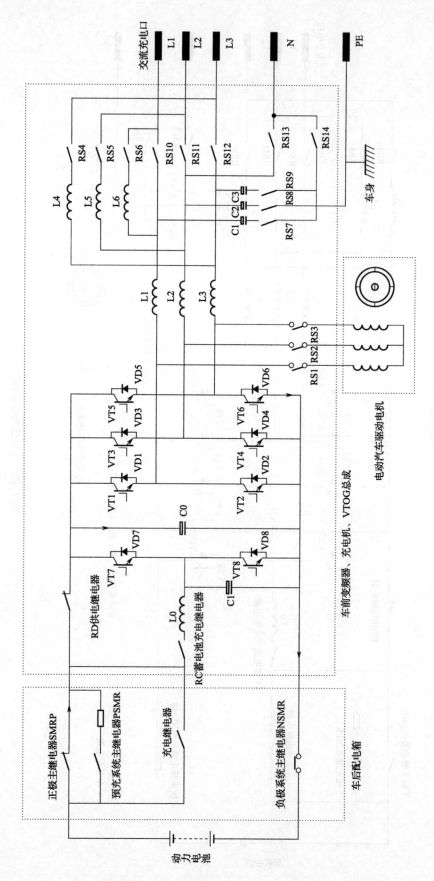

图 7-33　预充后供电电流路径

2. 三相逆变功能

如图 7-34 所示，三相逆变功能由 VT1、VT3、VT5、VT2、VT4、VT6 六个 IGBT 组成三相全桥逆变桥，RD 继电器为逆变桥供电，即正极。负极为三相全桥逆变桥的下桥 VT2、VT4、VT6 三个 IGBT 的下游向左，接配电箱的负极端。在电驱动的过程中，电机充电隔离继电器 RS1、RS2、RS3 的开关闭合工作，继电器开关闭合给电机三相线圈供电。VD1、VD2、VD3、VD4、VD5、VD6 六个二极管在能量回收过程中起续流作用。在充电过程中，电机充电隔离继电器 RS1、RS2、RS3 开关断开，防止外部交流电给电机供电转动。

3. 车载充电机功能

在单相或三相充电时（图 7-35）：RS10、RS11、RS12 继电器工作，继电器开关闭合，外界交流电经三相变压器 L1、L2、L3 输入到 VD1、VD2、VD3、VD4、VD5、VD6 组成的单相全桥整流器整流到 C0 电容器暂存。单相充电时整流取 VD1、VD2、VD3、VD4、VD5、VD6 中四个二极管，三相整流时取 VD1、VD2、VD3、VD4、VD5、VD6 全部六个二极管。IGBT 开关 VT7 工作，电流经 L0、RC 蓄电池充电继电器、车后配电箱中的充电继电器给动力蓄电池充电。

4. 移动充电站功能

比亚迪 E6 纯电动汽车的变频器兼有移动充电站的功能，这也是把它称为 VTOG（Vehicle to Grid）的原因。

其工作原理（图 7-36）如下：逆变器的 VT1、VT3、VT5、VT2、VT4、VT6 六个 IGBT 实现三相全桥逆变桥，RS7、RS8、RS9、RS13 和 RS14 五个继电器工作，继电器开关闭合通过 C1、C2、C3 形成中性点，在变压器初级 L1、L2、L3 三个电感线圈上实现三相交流电，经三相变压器的次级 L4、L5、L6 输入至交流口的三根火线。外部取电时，可取单相电，也可取三相电。

（三）E6 变频器电路图分析

比亚迪 E6 变频器电路如图 7-37 所示，具体说明如下：

1）给变频器高压供电：HV+、HV-。
2）供电、接地：30 常电（58）给变频器内部的控制器供电，43、59、60 接地。
3）双供电（61、62）：用于唤醒变频器。
4）充电感应信号（51）：将充电动作告知 BCM。
5）交流充电口：CC（Charging Connection Conformation）充电线连接确认，交流供电桩向变频器内的车载充电机发送的脉冲信号，车载充电机可通过内部断开 CP（Control Pilot Function）控制导引功能，脉冲的电流通路实现对交流供电桩内交流接触器的控制断电。
6）加速踏板位置传感器：实现驾驶员的转矩需求输入，25、27 为 5V 供电，13、15 为接地，28、41 为信号输出。
7）制动踏板位置传感器：实现驾驶员的制动转矩需求输入，24、26 为 5V 供电，14、12 为接地，55、57 为信号输出。
8）制动灯开关信号（53）：实现驾驶员的制动需求输入，实现电机制动能量回收。
9）模式开关信号（38、22）：38 实现驾驶员的经济模式需求输入，22 实现驾驶员的运动模式需求输入。

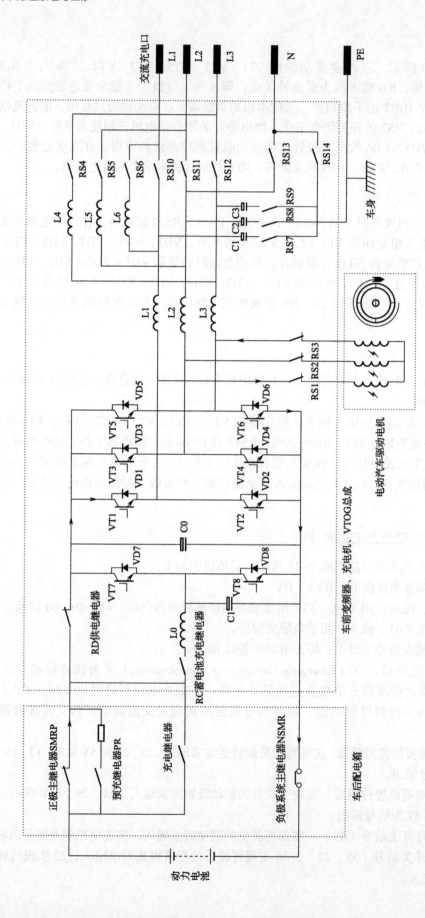

图 7-34 三相逆变功能

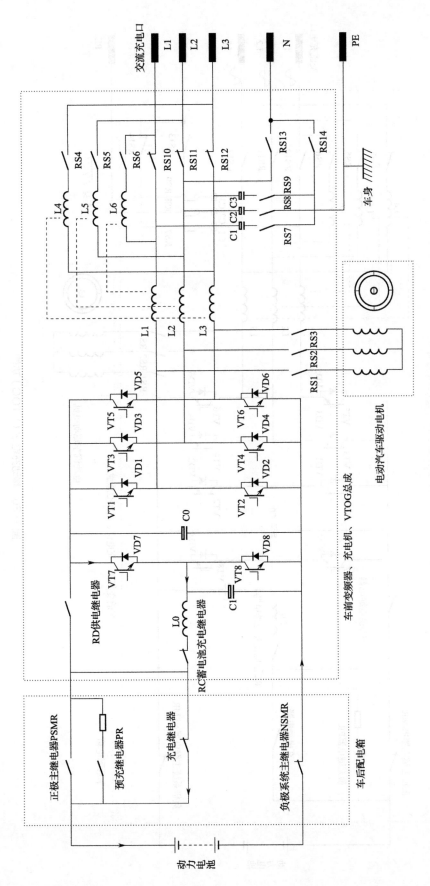

图7-35 车载充电机的单相和三相充电功能

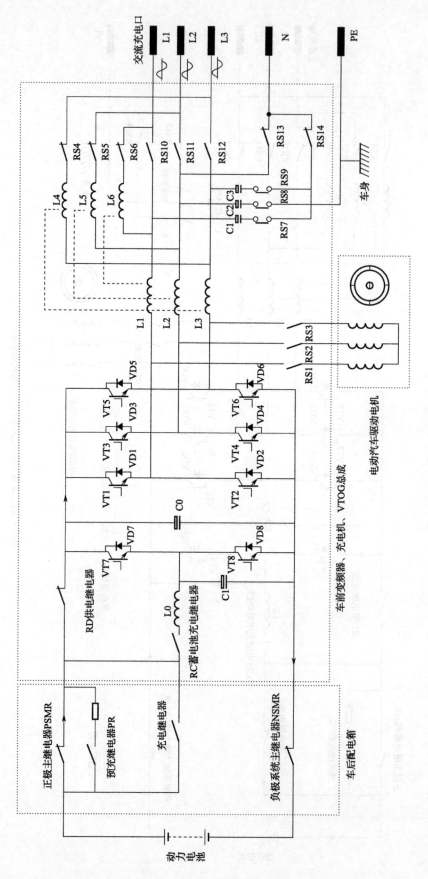

图7-36 移动充电站（VTOG）功能

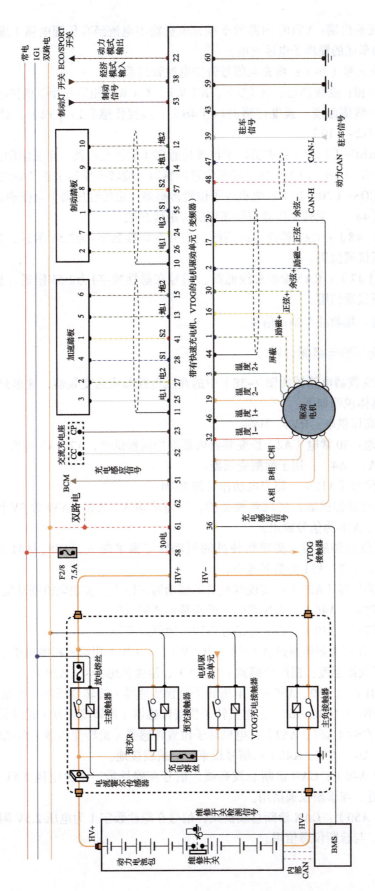

图 7-37 比亚迪 E6 纯电动汽车 VTOG 及整车控制系统（长春市康嘉教学设备有限公司授权提供）

10）充电电流输出端：VTOG 内部的车载充电机输出电流经高压配电箱（虚线部分）中 VTOG 接触器给动车底的锂离子电池充电。

11）充电感应信号（36）：将充电信号告知电池管理系统。

12）A、B、C 相：变频器通过 A（U）、B（V）、C（W）相给三相电机供电。

13）电机定子线圈温度：温度传感器1+（46）、温度传感器1-（32）、温度传感器2+（3）、温度传感器2-（19）。

14）REF+、REF-（1、2）：电机转子位置传感器（旋转变压器）正弦激励信号。

15）SIN+、SIN-（16、17）：电机转子位置传感器（旋转变压器）正弦输出信号。

16）COS+、COS-（30、29）：电机转子位置传感器（旋转变压器）余弦输出信号。

17）屏蔽地（44）：旋转变压器信号线束的屏蔽线接地。

18）CAN-H（48）：CAN 诊断总线高线，信号在隐性数字1为2.5V附近，显性数字0在3.5V附近，与诊断仪通信用。

19）CAN-L（47）：CAN 诊断总线低线，信号在隐性数字1为2.5V附近，显性数字0在1.5V附近，与诊断仪通信用。

20）驻车信号：接收驻车制动信号。

（四）E5 变频器电路图分析

比亚迪 E5 的变频器电路图（图 7-38）中的高压电控总成为变频器，这里只介绍与变频器有关的内容。具体说明如下：

1）给变频器高压供电：HV+、HV-。

2）供电、接地：30 常电（A2）给变频器内部的控制器供电，A7、A8 接地。

3）双供电（A1、A4）：用于唤醒变频器。

4）充电感应信号（A12）：将充电动作告知 BCM。

5）加速踏板位置传感器：实现驾驶员的转矩需求输入，A40、A39 为 5V 供电，A52、A54 为接地，A38、A18 为信号输出。

6）制动踏板位置传感器：实现驾驶员的制动转矩需求输入，A38、A41 为 5V 供电，A55、A37 为接地，A17、A31 为信号输出。

7）制动灯开关信号（A57）：实现驾驶员的制动需求输入，实现电机制动能量回收。

8）模式开关信号（A46）：实现驾驶员的经济模式需求输入。

9）充电连接信号（A19）：将充电信号告知电池管理系统。

10）A、B、C 相：变频器通过 A（U）、B（V）、C（W）相给三相电机供电。

11）电机定子线圈温度：温度传感器+（A15）、温度传感器-（A29）。

12）REF+、REF-（A60、A59）：电机转子位置传感器（旋转变压器）正弦激励信号。

13）SIN+、SIN-（A63、A64）：电机转子位置传感器（旋转变压器）正弦输出信号。

14）COS+、COS-（A61、A62）：电机转子位置传感器（旋转变压器）余弦输出信号。

15）屏蔽地（A6、A37、A45）：信号线束的屏蔽线接地。

16）CAN-H（A49）：CAN 诊断总线高线，信号在隐性数字1为电压2.5V附近，显性数字0为3.5V附近，与诊断仪通信用。

17）CAN-L（A50）：CAN 诊断总线低线，信号在隐性数字1为电压2.5V附近，显性数字0为1.5V附近，与诊断仪通信用。

项目七 电动汽车变频器原理与故障诊断

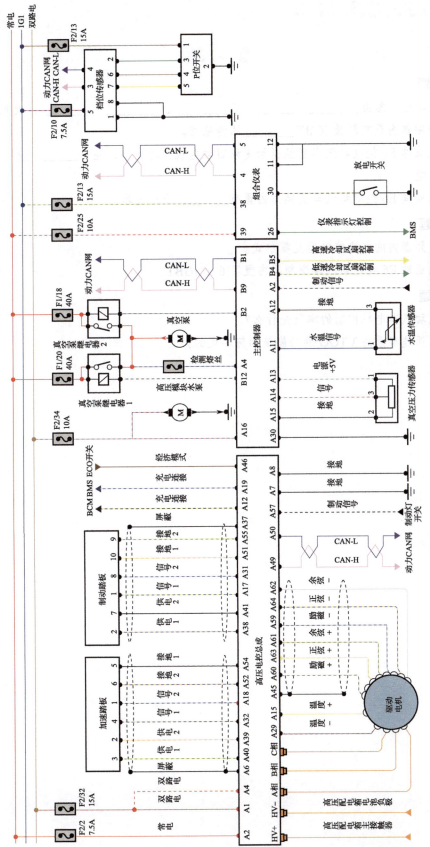

图7-38 比亚迪E5纯电动汽车高压电控总成及整车控制系统（深圳霖科林科技发展有限公司授权提供）

三 荣威纯电动汽车变频器

复习题

1. 填空题

（1）汽车变频器由_____、_____、_____、_____、_____五大元件组成。

（2）变频器内置有测量 IGBT_____的传感器。

（3）比亚迪 E6 纯电动汽车变频器除变频驱动电机的功能外，还有_____和_____功能。

（4）比亚迪 E6 纯电动汽车变频器内置有_____个继电器。

2. 判断题

（1）变频器内的电流传感器是霍尔式。　　　　　　　　　　　　　　（　　）

（2）比亚迪 E6 纯电动汽车变频器内置了 6 个 IGBT。　　　　　　　（　　）

3. 简答题

（1）电动汽车电机控制的本质是什么？

（2）比亚迪车系的 VTOG 的功能是如何实现的？

项目八
车载充电机工作原理与故障诊断

情境引入

小林在汽车修理店看到一辆拖来的电动汽车,车主说是无法充电,师傅进行了简单检查后,判定车载充电机出了故障。师傅从其他同型车上取下同样的车载充电机试装后,发现可以正常充电。新的车载充电机报价1.8万元,车主不打算更换,想进行维修,损坏的车载充电机转入电工电子维修师傅手中,经过数小时的等待,维修费2000元。

学习目标

1. 能说出交流充电桩的充电控制过程。
2. 能说出直流充电桩的充电控制过程。
3. 能排除交流充电过程中的充电故障。
4. 能排除直流充电过程中的充电故障。

任务一 不同充电类型工作原理认知

一 随车充电枪充电原理

(一)随车充电枪

随车充电枪有两种:一种仅是单相供电的充电枪,没有功能盒(图8-1);另一种是带有功能盒的单相供电的充电枪(图8-2)。

图8-1 没有功能盒的随车充电枪

图8-2 带有功能盒的单相供电的充电枪

（二）不带功能盒的随车供电枪充电原理

如图 8-3 所示，这种不带功能盒的随车供电枪没有自动断电功能。检测点 3 用于车辆控制装置检测车辆外部是否插入了充电枪。

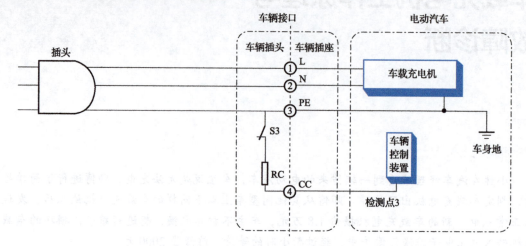

图 8-3　不带功能盒的随车供电枪

（三）带功能盒的随车供电枪充电原理

这种带有功能盒的随车供电枪，原理如图 8-4 所示，CP 有自动断电功能。

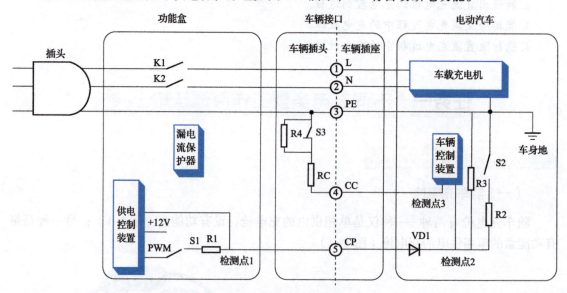

图 8-4　带功能盒的随车供电枪

1. 检测点 1

检测点 1 用于给功能盒内部的供电控制装置提供反馈信号。S1 为电子开关，是 CP 的电流流出端。

2. 检测点 2

检测点 2 用于给车辆控制装置提供反馈信号。S2 为电子开关。当需要实现停止供电时，正常充电时 S2 电子开关闭合，电池管理系统发现充电异常时将 S2 电子开关断开，检测点 1 信号发生变化，控制供电控制装置。

3. 检测点 3

检测点 3 用于车辆控制装置检测车辆外部是否插入了充电枪。车辆控制装置从 CC 输出 12V，供电枪插入后，供电枪内部有按压开关 S3，R4 电阻可以检测线路是否有通断。

二 交流充电桩原理

（一）交流充电桩类型

交流充电桩布置在学校、停车场、商业圈广场等，由于在露天布置无人管理，必须保证供电安全。保证供电安全的方法是在充电线插到交流充电桩后，交流充电桩内部的继电器闭合工作，才向外输出交流电。不插充电枪时，交流充电桩对外的接口是没有电输出的。

交流充电枪的平侧孔为充电用的机械锁孔，在充电时车辆侧的充电座内一个减速电机伸出一根金属杆插入此孔阻止在充电过程中人为拔下充电枪，解锁需要操作驾驶员手中的钥匙或车门开锁键，同时减速电机缩回解除充电枪的锁止。

交流充电桩分为带充电枪（图 8-5）和不带枪（图 8-6）两种类型，不带枪的交流充电桩需要车主配有双头枪才能在充电桩上取电。

图 8-5　带枪交流充电桩　　　　图 8-6　不带枪的交流充电桩（需车主自带双头枪）

（二）带枪交流充电桩充电连接原理

这种供电设备上自带供电枪，不用车主自带双头充电枪，CP 有自动断电控制功能，其原理如图 8-7 所示。

1. 检测点 1

检测点 1 用于给供电控制装置提供反馈信号，S1 为电子开关，是 CP 的电流流出端。

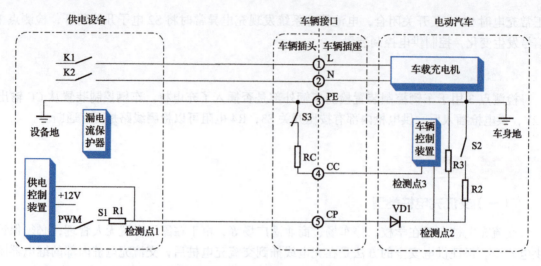

图 8-7　带枪的交流供电桩基本原理（不需要车主带双头枪）

2. 检测点 2

检测点 2 用于给车辆控制装置提供反馈信号。S2 为电子开关。当需要实现停止供电时，正常充电时 S2 电子开关闭合，电池管理系统发现充电异常时将 S2 电子开关断开，检测点 1 信号发生变化，控制供电控制装置。

3. 检测点 3

检测点 3 用于车辆控制装置 CC 端识别插座是否被插上了充电枪。车辆控制装置从 CC 输出 12V 电压，供电枪插入后，供电枪内部有按压开关 S3，S3 开关为常闭型开关，按下充电枪按钮后 S3 开关后断开，充电枪插牢固后，释放此开关，再检测 CC 线路是否有通断，从而确定充电枪连接正常。

（三）不带枪交流充电桩充电连接原理

这种供电设备上不带供电枪，需要车主自带双头枪，CP 有自动断电控制功能，原理如图 8-8 所示。

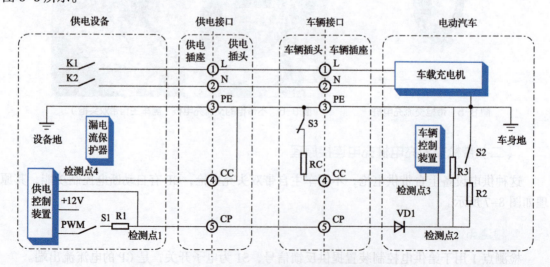

图 8-8　不带枪的交流供电桩基本原理（需要车主带双头枪）

1. 检测点 1

检测点 1 用于给供电控制装置提供反馈信号，S1 为电子开关，是 CP 的电流流出端。

2. 检测点 2

车辆控制装置在检测点 2 测得的占空比数值，用来确认当前供电装置的最大供电电流，用于给车辆控制装置提供反馈信号。S2 为电子开关。正常充电时 S2 电子开关闭合，电池管理系统发现充电异常时将 S2 电子开关断开，检测点 1 信号发生变化，控制 K1 和 K2 继电器断开，防止供电设备仍对外供电。

3. 检测点 3

检测点 3 用于车辆控制装置 CC 端识别插座是否被插上了充电枪，RC 的大小决定了当前充电连接装置电缆的额定容量。车辆控制装置从 CC 输出 12V 电压，供电枪插入后，供电枪内部有按压开关 S3，S3 开关为常闭型开关，按下充电枪按钮后 S3 开关后断开，充电枪插牢固后，释放此开关，再检测 CC 线路是否有通断，从而确定充电枪连接正常。

4. 检测点 4

检测点 4 用于供电设备 CC 检测车辆外部是否插入了充电枪。

（四）交流充电桩设备功能

交流充电桩有如下监测功能：漏电断电、过电流断电、急停按钮、柜门状态打开停充、接触器状态监测、导引信号 CP 连接状态、柜体倾斜或进水状态、电磁锁状态。其中柜体倾斜、柜体进水和电磁锁状态检查，在早期的充电桩中不一定会设计安装。

符合国标的连接导引可控制在桩与车没有完全连接好、接触不良、意外脱离时，能及时断开电源。有的插座选配一套电磁锁，可保证在充电时将插座与插头锁止而不能拔出，以增加安全性。

一般设计上会有四个开关量输出控制点，用于接触器控制、CP 导引信号输出、充电枪头和插座的电磁锁控制、漏电模拟测试/非常紧急停止控制（其中电磁锁早期充电桩没有安装）。另有四个开关量灯控制输出点，用于控制照明 LED 灯和红、黄、绿信号 LED 灯。

（五）交流充电桩设备基本原理

图 8-9 所示是交流充电桩的基本组成，其工作原理如下：

1. 充电连接及通信连接

当交流充电桩上的充电枪插到车上的充电插座时，电池管理系统（BMS）检测到 CC 线路通过电阻 R 接地，采样点电位降低，识别充电枪连接。电池管理系统检测没有故障时，闭合电子开关 K2。充电桩内的发出的 1kHz，40% 占空比的 ±12V 的导引脉冲信号经 CP 线及电子开关 K2 形成电池管理系统与交流充电桩的通信回路。

2. 交流供电

交流充电桩检查自身是否有故障，如果没有故障，则接通交流接触器 K5。交流供电电路由 L、N 两条导线，经带漏电断开开关 K3→电流限制开关 K4→交流接触器 K5 给车载充电

132 纯电动汽车构造原理与检修

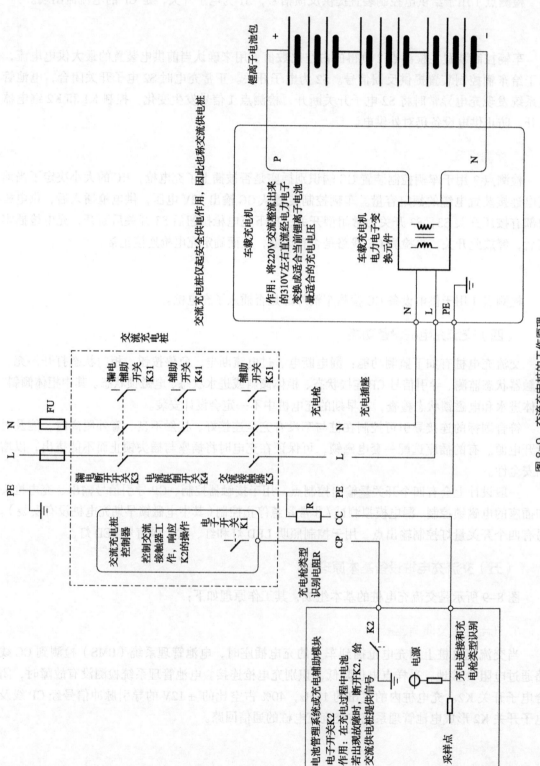

图 8-9 交流充电桩的工作原理

机供电。PE 保护地线使车身与车外交流供电桩的壳体等电位。

（六）其他说明

符合国标的连接导引可控制在桩与车没有完全连接好、接触不良、意外脱离时，能及时断开电源。有的插座选配一套电磁锁，可保证在充电时将插座与插头锁止而不能拔出，以增加安全性。

1. K3 漏电自动断开开关

K3 开关断开有两个条件，一是过大的电流，一般过电流故障此开关并不会断开，故选择额定电流 150% 的开关（50A 左右）；二是漏电检测电流大于限值，在 30mA 以下的漏电电流此开关就能断开。辅助开关 K31 提供该开关动作的报警信息。

2. K4 电流限制开关

K4 开关主要应对故障性浪涌或短路，在回路出现小于 125% 过电流时由弱电系统读取电能表的电流值发出过电流报警或断开接触器（由于通信、判断、执行会有一定的延时，故只限制在回路允许的范围内使用），当回路出现大于 125% 过电流（40A 左右）或短路的大电流过载时该开关可以实时分断故障，并由辅助开关 K41 辅提供该故障的报警信息。

3. K5 交流接触器

K5 是作为控制充电 / 停止的可控开关使用的，它由弱电系统控制，并由辅助开关 K51 对其动作状态进行检测。

4. 急停按钮

一个急停按钮（图中未画）与交流接触器 K5 的线圈串联，急停按钮按下，接触器 K5 线圈断电，开关断开。

5. 充电插座

为防止充电进行时人为带载拔出插头的危险动作，交流供电桩和双头充电枪的交流供电桩侧的插座和插头的配合时有一个机械锁扣可防止意外拔出。

三 直流充电桩

（一）直流充电桩简介

图 8-10 所示是直流充电桩实物图。直流充电桩是通过内部 AC/DC 充电模块，将交流电转换成直流，给电动汽车内的动力电池进行充电。功率等级：单枪 30kW 或 60kW，双枪 120kW（两个 60kW）；输出电压等级：乘用车 DC 200~450V、商用车 DC 300~750V、通用型 DC 200~750V。

图 8-10　直流充电桩

（二）直流充电桩充电口

如图 8-11 所示，直流充电枪接口由 9 根线组成，具体说明如下。

1. 直流电源线路

DC+、DC−，DC 即 Direct Current 缩写，直流充电桩通过这 2 根线给电动汽车进行充电。

2. 设备地线 PE

PE 即 Protect Earth 缩写，用于实现汽车车身和直流充电桩等电位。

图 8-11 直流充电枪接口

3. 充电通信线路

S+、S− 是 CAN 总线的一种写法，用于实现汽车 BMS 控制器与充电桩控制器通信。

4. 充电连接确认线路

CC1、CC2，CC 即 Connector Conformation 缩写，连接确认，用于实现充电插头插入插座连接完好。

5. 低压辅助电源线路

A+、A−，A 即 Accumulator（蓄电池），用于在汽车 12V 蓄电池不能工作时保证给汽车上的控制器供电（例如 BMS 等控制器和继电器等供电）。

（三）充电控制流程

图 8-12 所示为充电的控制流程。

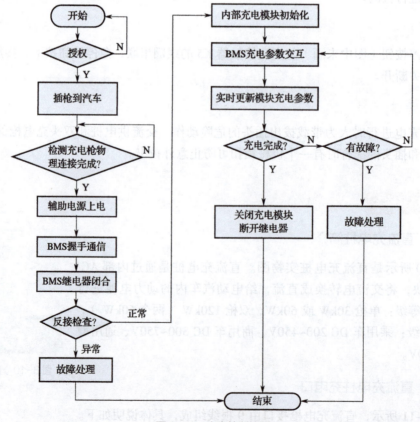

图 8-12 充电控制流程

电池没有故障时，其充电流程如下：由充电桩管理部门发卡给要充电的用户，用户在充电机界面扫描授权，管理中心识别出卡的类型、用户身份等。授权通过后，用户插充电枪到电动汽车的充电插座上，进行充电枪的连接确认。确认连接后，充电桩内部的辅助电源给汽车上的电池供电，防止汽车上的蓄电池电量不足或充电过程中出现电量不足。电池管理系统（BMS）被上电后，先与充电机控制器通信，控制直流充电隔离继电器闭合。充电机控制器初始化后，电池管理系统将汽车的电池类型、电压、温度以及是否有故障等信息传递给充电机控制器，充电机控制器通过充电控制模块输出适合当前电池类型和状态的充电模式。

> **技师制导** 直流充电隔离继电器在比亚迪 E6 高压配电箱内的有一个 DC+，而 DC- 与负极主继电器共用；在北汽 EV160 电子分配单元内 DC+、DC- 各有一个，与负极主继电器不共用；在吉利 EV300 中这个继电器在电池箱内 BMS 控制单元下部的高压配电箱内有两个 DC+，其中一个带快充预充功能，DC- 与负极主继电器共用。

（四）直流充电桩结构组成

图 8-13 所示为直流充电桩的结构组成，直流充电桩有充电模块、12V 开关电源、24V 开关电源、充电桩控制器、直流绝缘检测计量模块、智能电能表、散热风扇等。其核心结构是充电模块和充电桩控制器。

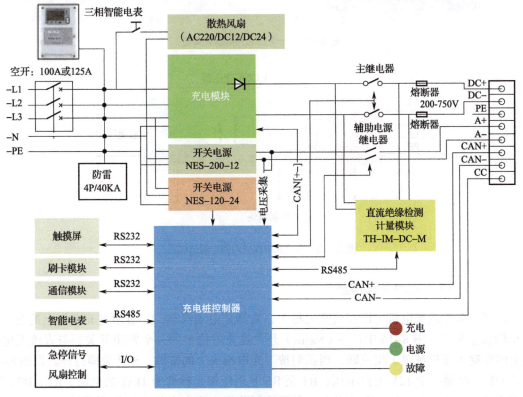

图 8-13 直流充电桩结构示意图

（五）直流充电模块

直流充电机（桩）的充电功率很大，小到几十千瓦到大到上百千瓦，直接由一个充电模块来完成这么大的充电功率是不可能的，充电桩内有多个直流充电模块并联。图 8-13 是一个直流充电模块的工作原理示意图，实际直流充电桩根据对外输出功率大小有不同的充电模块数目，比如 8 个模块。如何研发体积小、重量轻、效率高的充电桩也是电动汽车发展的一项关键技术，减少充电机模块的数目将是直流充电桩技术发展的一种象征。

直流充电机模块由 APFC（功率因数模块）、DC/AC 逆变模块、高频变压器、AC/DC 整流模块、控制模块、CAN 通信控制模块、保护电路几组成部分。

图 8-14 为直流充电模块实物，这里以一个直流充电模块为例进行简单介绍。如图 8-15 所示，三相电 L1、L2、L3 经过自动功率因数校正（Active Power Factor Correction，APFC）后输出直流电，DC/AC 将直流电变换为交流电后通过 AC/DC 升压或降压（升压或降压取决于汽车中电池的电压是低于 380V，还是高于 380V）。直流充电桩要多个这样的模块并联输出到图 8-16 的 K1、K2 开关上。

图 8-14　一个直流充电模块实物

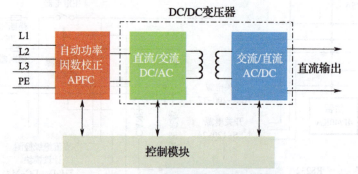

图 8-15　直流充电模块内部功能结构图

（六）直流充电桩工作原理

左侧是非车载充电机（即直流充电桩），右侧是电动汽车，二者通过充电桩上的充电枪与车辆插座相连。图 8-16 中的 S（Swith）开关是充电枪上的一个常闭开关，与直流充电枪头上的按键（即机械锁）相关联，当我们按下充电枪头上的按键，S 开关即打开。而图 8-16 中的 U_1、U_2 是一个 12V 上拉电压，R1 至 R5 是阻值都是标称为 $1k\Omega$ 的电阻，R1、R2、R3 在充电枪上，R4、R5 在车辆插座上。车辆控制装置在汽车上指电池管理系统（BMS），非车载充电机控制装置指直流充电机的控制器。K3、K4 左侧是 12V 直流电源，用于给汽车上的 12V 用电的电池管理系统（BMS）、直流隔离继电器（K5、K6）等供电，防止在汽车 12V 蓄电池电量不足或在充电过程中出现电量不足而不能充电。

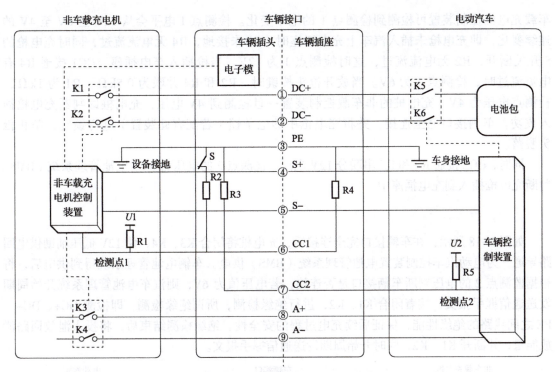

图 8-16 直流充电机模型（参考 ZLG 致远电子）

1. 车辆接口连接确认阶段

如图 8-17 所示，当按下枪头按键，插入车辆插座，再放开枪头按键。充电桩内部的非

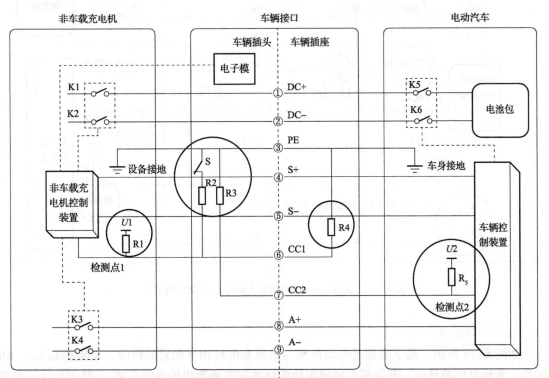

图 8-17 车辆接口连接确认阶段（参考 ZLG 致远电子）

车载充电机控制装置可检测到检测点 1 的电平变化。检测点 1 电平会从 12V 至 6V 至 4V 的连续变化，即充电枪未插入汽车上充电插座时 CC1 未接地，R4 无电流流过，同时充电枪的 S 开关断开，R2 无电流流过，这时检测点 1 为 12V。当枪插入充电插座，CC1 接通 R4 有电流流过时，检测点 1 为 6V。当放开枪头按键时，R2 和 R4 并联为 0.5kΩ，R1 为 1kΩ，检测点电压为 4V。充电桩的非车载控制装置一旦检测到 4V 电压，充电桩即判断充电枪插入成功，车辆接口完全连接，并将充电枪中的电子锁（若配有此装置）进行锁定，防止枪头脱落。

同时，CC2 接通 R3 和 R5 串联分 12V 电压，检测点 2 的电压为 6V，电池管理系统（BMS）判断充电枪插入到充电插座中。

2. 直流充电桩自检阶段

如图 8-18 所示，在车辆接口完全连接后，充电桩将闭合 K3、K4，使 12V 低压辅助供电回路导通，为电动汽车控制装置电池管理系统（BMS）供电。车辆电池管理系统得到供电后，将根据监测点 2 的电压判断车辆接口是否连接，若电压值为 6V，则汽车电池管理系统开始周期发送通信握手报文，接着闭合 K1、K2，进行绝缘检测，所谓绝缘检测，即检测 DC+、DC−、PE 之间线路的绝缘性能，保证后续充电过程的安全性。绝缘检测结束后，将投入泄放回路泄放能量，并断开 K1、K2，同时开始周期发送通信握手报文。

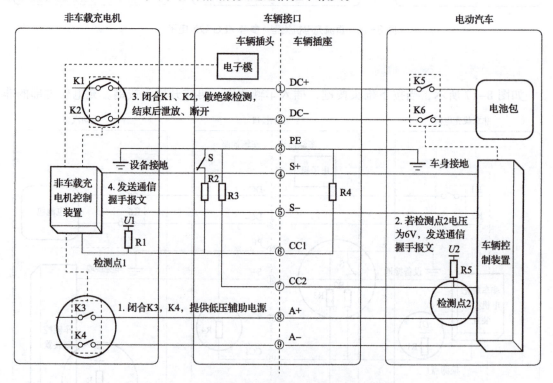

图 8-18 直流充电桩自检阶段（参考 ZLG 致远电子）

3. 充电桩准备就绪阶段

如图 8-19 所示，接下来就是电动汽车与直流充电桩相互配置的阶段，车辆控制 K5、K6 闭合，使充电回路导通，充电桩检测到车辆端电池向左侧流出的电压正常（电压与通信报文描述的电池电压误差不大于 ±5%，且在充电桩输出最大与最小电压的范围内）后闭合 K1、

K2,直流充电线路导通,电动汽车开始充电。

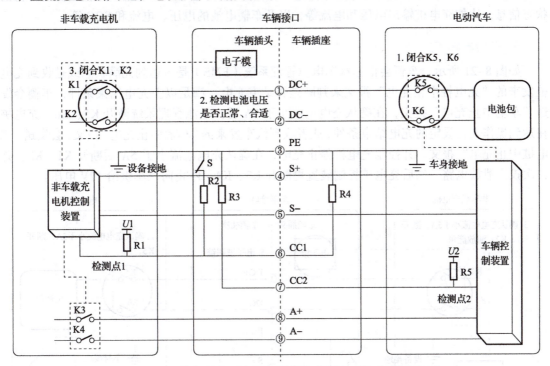

图 8-19 充电桩准备就绪阶段示意图(参考 ZLG 致远电子)

4. 充电阶段

如图 8-20 所示,在充电阶段,车辆电池管理系统(BMS)向充电桩充电控制装置实时发

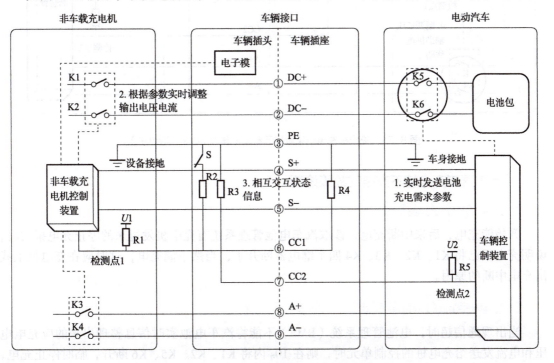

图 8-20 充电桩充电阶段示意图(参考 ZLG 致远电子)

送电池充电需求的参数,充电桩会根据该参数实时调整充电电压和电流,并相互发送各自的状态信息,比如充电桩输出电压和电流等,以及车辆电池的电压、电流和 SOC 等。

5. 充电结束阶段

如图 8-21 所示,车辆会根据汽车电池管理系统(BMS)是否达到充满状态或是收到充电桩发来的"充电桩中止充电"报文来判断是否结束充电。满足以上充电结束条件,车辆会发送"车辆中止充电"报文,在确认充电电流小于 5A 后,电池管理系统断开 K5、K6。充电桩在达到操作人员设定的充电结束条件,或者收到汽车发来的"车辆中止充电"报文,会发送"充电桩中止充电"报文,并控制充电桩停止充电,在确认充电电流小于 5A 后断开 K1、K2,并再次投入泄放电路,然后充电桩控制装置再断开 K3、K4,停止向汽车供给 12V 电压。

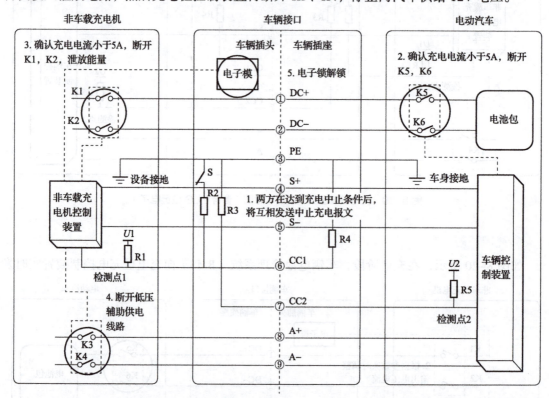

图 8-21 充电桩充电结束阶段示意图(参考 ZLG 致远电子)

(七)直流充电桩不充电的故障诊断

1. 充电机中止充电报文

开始能充电,后来中断充电,读取汽车电池管理系统有充电机发过来的停止充电报文时,说明充电机已将 K1、K2、K3、K4 四个继电器断开了,当然不能充电,这时应在充电桩上找出充电中断的原因。

2. 充电桩和池车电池管理系统(BMS)通信超时

当出现通信超时,电池管理系统(BMS)不能将汽车电池实时信息整理出来的应充电压和电流发送给充电桩的控制单元时,则在 10s 内将 K1、K2、K5、K6 断开,临时停止充电,并等待通信成功。若连续三次通信中断,则在 10s 内将 K1、K2、K3、K4、K5、K6 断开,彻底停止充电。

3. 充电电压超过车辆最高允许电压

故障原因是充电桩直流充电模块的限压功能失效，充电桩 1s 内断开 K1、K2、K3、K4。

4. 充电枪开关 S 由闭合变为断开

在充电过程中，若充电枪开关 S 由闭合变为断开时，充电桩检测检测点 1 的电压为 6V，不会下降到 4V，这时充电桩的直流充电模块在 50ms 内将输出电流降至 5A 或以下。

5. 充电枪异外断开

在车辆异外移动或充电枪脱出插座时，充电桩内的检测点 1 检测到为 6V 或 12V，而不是 4V 时，充电桩侧控制 K1、K2、K3、K4 断开。

任务二　不充电的故障诊断与分析

一　吉利汽车车载充电机

（一）车载充电机箱

如图 8-22 所示，右侧为 2017 款吉利车载充电机，左侧为变频器，箱体内部的熔丝可分配直流到高压部件，同时接收 220V 交流电，输出比车底盘下侧锂离子电池高约 10%~15% 的一个直流电压，为锂离子电池充电。

（二）吉利（2017 款）车载充电机

进口电动汽车车载充电机部件体积较小，线束排列有序，线色多样，插头处整洁。

图 8-23 中导线可基本分为外接直流高压橙色导线、内部互锁线、220V 交流线、控制线束、印制电路板间排线五种，只要能将其分辨清楚，其原理还是很简单的。

图 8-22　吉利车载充电机（2017 年款）

图 8-23　高压熔丝和车载充电机

1. 高压橙色导线

右下角橙色插座是锂离子电池来的直流供电，向左进入箱内导线变为扁形，左端直接向上输出给变频器，同时也给下部的绿色电路板供电，可见三个熔丝管。三个熔丝管两个外流，一个向回流。熔丝管上标有红色漆的是车载充电机（On-board Charging，OBC）直流电输出的正极，为回流充电线。两个标有绿色漆的，上部的空调压缩机供电线，下部是 PTC 加热器供电线。这三个熔丝管下部的电路板上有明确的 OBC、A/C（Air Conditioning）、PTC（Positive Temperature Coefficient）标记，只要细心注意即可。从熔丝管右侧的线束红黑线标也可识别电流的流入和流出。红色为向右流出，黑色为向左流入。在 6 根线中，在 4 根套有白色线管中，靠右的两根白色线管内导线是电动空调压缩机和 PTC 加热的负极线。电动空调压缩机和 PTC 加热导线箱体外壳的右上侧两个插座输出，再流回。而没有套白色线管的红色长导线前文介绍过为充电机的输出正极，黑色短线为充电机的负极。

2. 互锁线

图 8-23 左侧的细红黑双线为箱盖开启互锁线，互锁线下是互锁微动开关箱盖开启时起作用，防止修理人员在未下电时强行拆开箱盖造成电击伤的危险。

右下侧的直流输入插座的细红黑双线为线束断互锁线。其他红黑细线也是不同插座的互锁线。

3. 220V 交流线

在箱体中右侧由下向上数第二个橙色插座是 220V 交流线，内部有 L（相线）、N（零线）、PE（保护地线）三根线。L 线和 N 线接到充电机电路板上，即图 8-22 中电路板的下面那块板上，上面的是车载充电机的控制器，也就是 OBC 的 ECU。在下面板上有将交流整流为直流 220V，再经电力电子变换为直流锂离子电池的充电电压，大约为标称锂离子电池电压 346V 的 110%~115%。PE 线接充电机电路板的 PE 线上，在 L 线漏电到 PE 线时及时触发墙壁上的漏电开关断开起到保护作用。

图 8-24 吉利左后侧轮胎上部内衬板里的快充 DC+、DC- 及 PE 线、慢充线束内含 L、N 及 PE 线

车载充电机外接交流充电口，包括电源 L（火线）、N（零线）、PE（保护地线），图 8-24 所示为左后侧轮胎上部的充电口内侧的接线图。

> **故障诊断** 给电动汽车充电过程中，若墙壁上的漏电开关跳闸，说明有漏电，这时就应检查是否是火线 L 与 PE 保护地线接触连通了。

4. 控制线束

控制线束包括车载充电机的控制板的电源线、接地线、唤醒线、CAN 通信线等，位于箱壳体的最上侧，黑色。

5. 印制电路板间排线

印制电路板间排线从车载充电机的控制板通向下板，通过排线车载充电机的上板下行可以控制下板的开关元件的通断、控制充电机功率因数、起动保护、与外界通信、驱动点亮仪表充电指示灯等。下板上行反馈可实现监测控制后的电压和电流反馈，将数值反馈给车载充电机的上部控制板。注意下板不是控制板，所以没有下行功能，只有执行和上行反馈功能。

二 充电机数据分析

吉利 EV300 充电界面显示需进入充电辅助控制模块（ACM）读取，充电辅助控制模块是吉利汽车为实施充电端口的输入和输出控制增加的一个模块。

辅助控制模块（ACM）数据如图 8-25 所示，辅助控制模块（ACM）数据分析内容见表 8-1。

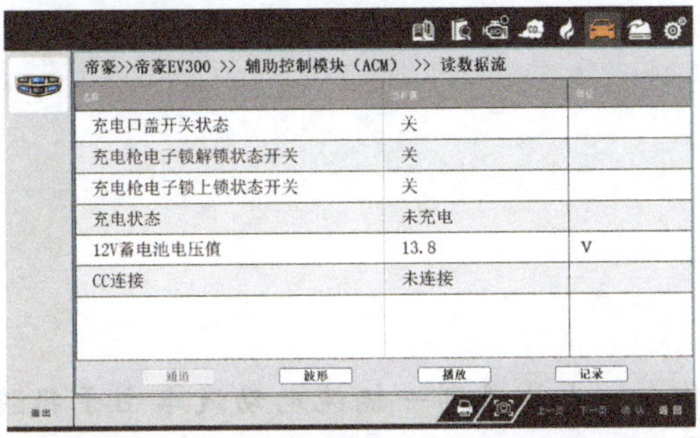

图 8-25　辅助控制模块（ACM）数据

表 8-1　辅助控制模块（ACM）数据解析

名称	当前值	数据解析
充电口盖开关状态	关	打开充电口盖时显示为开
充电枪电子锁解锁状态开关	关	充电枪电子锁解锁检测开关状态反馈
充电枪电子锁上锁状态开关	关	充电枪电子锁上锁检测开关状态反馈
充电状态	未充电	充电时显示充电状态
12V 蓄电池电压值	13.8V	辅助控制模块（ACM）充电机供电电压
CC 连接	未连接	充电枪插入时为连接，拔出显示未连接

复习题

1. 填空题

（1）汽车外部充电设备有_____和_____两种。

（2）交流充电桩给汽车提供_____电。

（3）直流充电桩给汽车提供_____电。

（4）常见的汽车车载充电机有 3.3kW 和_____两种。

（5）直流充电桩的供电电压为_____V。

2. 判断题

（1）电动汽车常见的充电故障是充电变慢。　　　　　　　　　　　　　　　（　　）

（2）电动汽车常见的不充电的原因是墙壁的空气开关跳闸、充电机损坏或电池有故障。（　　）

3. 简答题

（1）写出没有功能盒的充电枪工作原理。

（2）写出有功能盒的充电枪工作原理。

（3）写出图 8-9 所示交流充电桩的工作原理。

（4）写出图 8-16 所示直流充电机的工作原理。

项目九
DC/DC 变换器原理与故障诊断

情境引入

在一次外出救援工作中，小林遇到一辆纯电动汽车由于铅酸蓄电池无电引起的无法 READY 上电行驶，小林感到一片迷茫。你知道要解决这个问题要用到哪些知识吗？

学习目标

1. 能画出纯电动汽车 DC/DC 变换器的原理图。
2. 能说出吉利 EV300 纯电动汽车 DC/DC 变换器的位置。
3. 能根据 DC/DC 变换器的原理图诊断 DC/DC 不输出充电电压故障。
4. 能排除吉利 EV300 纯电动汽车 DC/DC 变换器不输出充电电压故障。

任务一　DC/DC 变换器原理认知

一　DC/DC 变换器简介

（一）什么是 DC/DC 变换器

DC 是 Direct Current（直流）缩写，DC/DC 变换器是将直流电压变换为直流电压的电子装置。电动汽车中 DC/DC 变换器分为降压和升压两类。

1. 降压变换器

降压 DC/DC 变换器的作用是将高压锂离子（或镍氢）电池的电压降压为 12V 或 24V 的电压等级，为 12V 或 24V 电系负载供电。

例如：直流/直流变换器（DC/DC）保证高压锂离子（或镍氢）电池电压在 280~400V 变化区间内输出稳定的 14V 或 28V 电压，分别为 12V 或 24V 电系负载（也包括 12V 或 24V 等级的铅酸蓄电池）供电（或充电）。

另外，当高压锂离子（或镍氢）电池完全放完电之后，汽车已经不能行驶时，DC/DC 仍能从高压锂离子（或镍氢）电池中吸取能量，向电动汽车输出稳定的 14V 或 28V 电压。

有些电动汽车的降压 DC/DC 变换器有双向 DC/DC 变换功能。双向功能包括：可将高压锂离子（或镍氢）电池的电压降为车上铅酸蓄电池的充电电压；反过来，也可将铅酸蓄电池升为高压锂离子（或镍氢）电池的充电电压，为高压锂离子（或镍氢）电池充电。

2. 升压变换器

1）对动力电池电压进行升压：采用 DC/DC 变换器将蓄电池高压升为更高的直流电压来驱动电机，可提高系统的工作效率。

2）对 12V 铅酸电池进行升压：在高压蓄电池容量不能驱动汽车时，为了让汽车能开离路面，防止阻塞交通，而采用 DC/DC 变换器将 12V/24V 铅酸蓄电池电压升为高压锂离子（或镍氢）电池的电压来驱动电机。

燃油车和电动汽车的辅助子系统的主要区别：燃油车的辅助蓄电池由与发动机相连的交流发电机来充电，而电动汽车的辅助蓄电池则由主电源通过 DC/DC 变换器来充电。电动汽车或混合动力汽车中用来推动电机转动的能量来自于动力电池，动力电池为数块电池串联，电压较高，因此也叫高压电池。

（二）DC/DC 变换器分类

电动汽车用 DC/DC 变换器有以下几种分类。

1. 升压型和降压型

升压型主要用在高压电池数目少、高压数值低的情况，为了提高电机效率，采用了升压型。降压型主要用在高压电池和铅酸蓄电池之间。

2. 全桥型和半桥型

全桥型和半桥型，详见后面"DC/DC 变换器工作原理"小节内容。

3. 非绝缘型和绝缘型

非绝缘型是电路两侧通过电子元件相连通，绝缘型是电路两侧采用变压器隔离，采用磁能交换。绝缘型 DC/DC 变换器的换能部件是变压器。变压器由一次侧（输入侧、动力电池侧）和二次侧（输出侧、铅酸蓄电池侧）两种线圈构成。线圈匝数比与电压比成比例。利用变压器改变电压时，变压器需通过交流电压。动力电池是直流电压，DC/DC 变换器通过控制芯片控制功率半导体导通、截止将动力电池的直流电压，转换成交流电压，再利用功率半导体将交流电压转换成 14V 的直流电压。利用功率半导体转换交流和直流时，负载电容器是为了抑制电压波形的噪声，平滑化输出电压。这两种 DC/DC 变换器的工作效率都很高，一般为 85%～95%，并且适于商用。非绝缘型结构简单、成本低，而绝缘型则能将主电源的高等级电压与辅助蓄电池的低等级电压隔离开来，更加安全可靠。

4. 单向 DC/DC 和双向 DC/DC

单向 DC/DC 只能向一个方向实现电压变换，双向 DC/DC 能互相实现电压变换。单向 DC/DC 多用于将燃料电池的电压升为与其并联的蓄电池电压。双向 DC/DC 多用于将动力电池的电压升压为电机工作电压，或反之；也可以将动力电池的电压降为 12V 铅酸蓄电池的电压，或反之。

二 电动汽车用电负荷

电动汽车出现后，汽车由原来的发动机、底盘和电气三大系统，增加到发动机、底盘、电气和电力驱动四大系统，其中电力驱动系统包括驱动电机变频控制、电动压缩机变频控制、空调 PTC 加热控制、DC/DC 变换控制等。

在电动汽车中，发动机和底盘控制部分采用 12V 或 24V 电系供电，但用电负荷较小。而汽车电气系统的基本电气系统和辅助电气系统用电负荷较多。

（一）保留铅酸蓄电池的必要性

电动汽车以动力电池为电源，能够利用 DC/DC 变换器为铅酸蓄电池充电。汽车装备 DC/DC 变换器之后，可省去原车交流发电机，按说也能省去 12V/24V 铅酸蓄电池，但实际上还是保留了铅酸蓄电池，这样做有两大原因。

1. 能够降低整个车辆的成本

铅酸蓄电池能在短时间内向空调、刮水器及车灯等释放大电流。如果省去铅酸蓄电池，通过 DC/DC 变换器将动力电池的电力用于空调及刮水器会导致 DC/DC 变换器的尺寸增大，从而使整体成本增加。另外，铅酸蓄电池便宜，因此目前将铅酸蓄电池置换成动力电池还没有成本上的优势。

2. 确保电源的冗余度

铅酸蓄电池还有确保向低压供电的冗余度的作用。DC/DC 变换器出现故障停止供电时，如果没有铅酸蓄电池，低压电就会立即停止运行，导致夜间车灯不亮、雨天刮水器停止运行等，就会影响驾驶。如果有铅酸蓄电池，便能够将汽车就近开到家里或者修理厂。

（二）12/24V 电气系统负荷

在电动汽车上，为了区别 12V 电气系统，通常将高于 60V 的直流电压称为高压（这与工业用电和特种产品对高、低压的电压界限是完全不同的）。汽油车通常电气系统采用 12V 供电，DC/DC 变换器降压输出时为 14V，对于 24V 电气系统的柴油车要降压为 28V。

电动汽车电气系统的能量消耗比燃油车大得多。各种辅助子系统的功耗见表 9-1。从表中可以看出，空调器是电动汽车辅助子系统中功耗最大的子系统，它的功耗大约占所有辅助子系统功耗的 60%～75%。为了减少空调器的损耗，通常采用 120V 的电压等级供电。此外，为了避免辅助蓄电池的能量在短时间内耗尽，大功率的子系统，如空调器、动力转向系统、液压制动或气动制动和除霜器等，应当只有在接触器闭合时才能工作，这样可以直接从主电源中获取所需的动力。

表 9-1 汽车 12V 系统用电负荷

序号	12V 用电负荷	工作状态	功耗约 /W
1	混合动力汽车采用发动机冷却液取暖，辅以 12V 暖风 PTC 加热器功耗	连续	250
2	变频器内部逆变桥自身功耗	连续	150
3	电池能量管理系统鼓风机电机	连续	150
4	前照灯和尾灯总成	连续	120
5	喇叭	断续	10
6	刮水器电机	连续	40
7	电动真空泵电机	断续	120

（续）

序号	12V 用电负荷	工作状态	功耗约 /W
8	空调鼓风机电机	连续	240
9	仪表指示灯及步进电机仪表	连续	30
10	停车灯、转向灯及车内灯	断续	50
11	电动转向助力系统助力电机	连续	400
12	收音机主机及扬声器	连续	20
13	四个车门的电动窗升降	断续	80
14	高压配电箱高压继电器线圈	连续	20
15	ABS 回流泵电机	断续	180
16	冷却风扇电机	连续	300
合计	—	—	2160

DC/DC 变换器的优化容量表示电池的充电和放电过程能够相互平衡，而且辅助蓄电池一直保持满充状态。例如：如果选择更大的容量，则充电过程就比放电过程占优势，就会导致 DC/DC 变换器尺寸过大或者出现辅助蓄电池过充的问题；如果选择小一点的容量，则电池的放电过程就比充电过程占优势，这将会导致辅助蓄电池在紧急情况下使用时失去满充状态。

汽车电气系统用电负荷的能耗大约为 1kW，所以选 DC/DC 变换器至少为 1kW。若动力转向不采用 12V 供电，则 DC/DC 变换器的功率可以减小，但实际中为保险起见通常 DC/DC 变换器至少为 1.5kW。

（三）高压用电负荷

除了驱动汽车的电机以外，对于大功率的设备通常采用高压供电，见表 9-2。

表 9-2 汽车高压用电负荷

高压用电负荷元件	工作状态	功耗 /kW
电动汽车采用电动空调时的压缩机电机	连续	3.0~5.0
电动客车采用气压制动时的电动空气压缩机电机	连续	1.5~2.0
纯电动汽车暖风加热 PTC（正温度系数热敏电阻器）	连续	1.5~2.0
给 12V 蓄电池充电的 DC/DC 变换器的高压供电功率	连续	1.5~2.0

一般电动汽车只有一个直流/直流变换器，把高压直流电降压为 14V 或 28V 直流。对于高档电动车可以有两个 12V DC/DC 变换器。

三 DC/DC 变换器工作原理

（一）BUCK 型 DC/DC 变换器

实现降压的 DC/DC 变换器的主电路结构有很多，其中 BUCK 型（降压型）DC/DC 变换器以其结构简单、变换效率高的特点是首选的 DC/DC 变换电路拓扑结构之一。

DC/DC 变换器一般由控制芯片、电感线圈、二极管、晶体管和电容器构成。基本 BUCK 电路的原理如图 9-1 所示，U_{in} 是输入电压，U_o 是 BUCK 电路的输出电压，C_{in} 是输入电容，

S是主功率开关管，VD是主功率二极管，L是储能电感。

基本BUCK电路电感L的储能（图9-2）工作过程：当开关管S（Switch）导通时，电流经负载、电感L流过电子开关S，电流增加，电能以磁能形式存储在电感线圈中，同时给负载供电。在这个过程中电容C_{in}、负载、L、S构成回路。

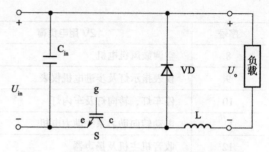

图9-1 基本BUCK型DC/DC变换器电路原理

基本BUCK电路电感L的能量（图9-3）释放过程：当S由导通转为截止时"存储"在电感中的能量释放出来，通过VD续流维持向负载供电，此时电感L、续流二极管VD和负载构成回路，若周期性地控制开关管S的导通与关闭，即可实现能量由U_{in}向U_o的降压传递电路的输出电压$U_o=\delta U_{in}$，δ为开关管S的导通占空比。为达到上述降压传递，开关管S与二极管VD必须轮流导通与关断，二者之间频繁地进行换流。

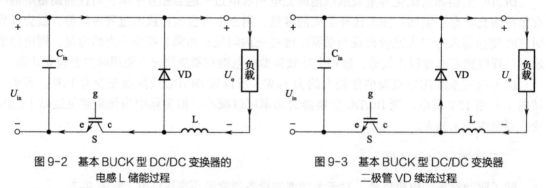

图9-2 基本BUCK型DC/DC变换器的电感L储能过程

图9-3 基本BUCK型DC/DC变换器二极管VD续流过程

在燃料电池电动汽车（Fuel Cell Electronic Vehicle，FCEV）上燃料电池只是由燃料产生电能，而不能储存电能，因此采用了单向DC/DC变换器。FCEV采用的电源有各自的特性，燃料电池只提供直流电，电压和电流随输出电流的变化而变化。燃料电池不可能接受外电源的充电，电流的方向只是单向流动。FCEV采用的辅助电源（蓄电池和超级电容器）在充电和放电时，也是以直流电的形式流动，但电流的方向是可逆性流动。

FCEV上的各种电源的电压和电流受工况变化的影响呈不稳定状态。为了满足驱动电机对电压和电流的要求及对多电源电力系统的控制，在电源与驱动电机之间，用计算机控制实现对FCEV的多电源的综合控制，保证FCEV的正常运行。FCEV的燃料电池需要设置单向DC/DC变换器，蓄电池和超级电容器需要设置双向DC/DC变换器。

（二）全桥DC/DC变换器

燃料电池发动机输出的电压一般为240~450V，燃料电池的输出电压随着燃料电池输出的电流的增大而减小。另外，由于燃料电池不能充电，配置单向全桥DC/DC变换器，将燃料电池的波动电流转换为稳定、可控的直流电源。

全桥DC/DC变换器电路原理图如图9-4所示。全桥DC/DC变换器输入端采用4个带有续流二极管的开关管VT_1、VT_2、VT_3、VT_4共同组成大功率的直流变交流的单相H型桥逆变器，中部为高频变压器T_r，输出端用4个整流二极管共同组成整流器。在变压器T_r一次侧线圈电路中串联一个电容C_2，可以防止变压器的磁偏心。整流输出电路中加入由电感L_f和电容

C_f 组成的滤波器（f=filter），将直流方波电压中的高频分量滤除，得到一个平直的直流电压。

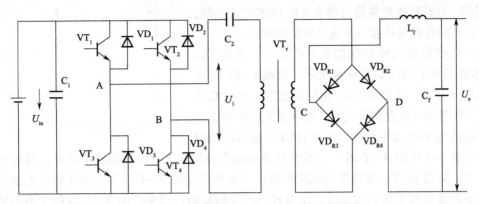

图 9-4　绝缘型全桥 DC/DC 变换器电路原理图

正半波逆变和整流：当导通开关 VT_1 先导通时（图 9-5），在延迟一定的 α 电位角后再导通开关 VT_4，而 VT_2 和 VT_3 被截止。VT_1 和 VT_4 轮流导通 180° 电位角。此时电流经电容 C_2 流入，从 T_r 的初级线圈上端向下流入，在 T_r 的二次侧线圈电流向上经 VD_{R1}、L_f，输出电压 U_o 经 VD_{R4} 回流到 T_r 的二次侧线圈。

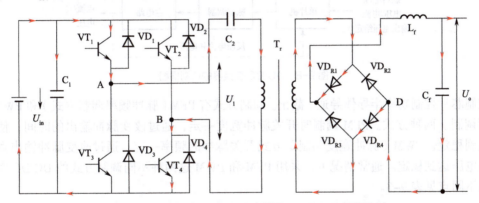

图 9-5　绝缘型全桥 DC/DC 变换器 VT_1 和 VT_4 导通控制

负半波逆变和整流：当导通开关 VT_2 先导通时（图 9-6），在延迟一定的 α 电位角后再导通开关 VT_3，而 VT_1 和 VT_4 被截止。VT_2 和 VT_3 轮流导通 180° 电位角。此时电流经从 T_r 的二次侧线圈下端向下流入，经电容 C_2 流出，在 T_r 的二次侧线圈电流向上经 VD_{R3}、L_f，输出电压 U_o 经 VD_{R2} 回流到 T_r 的二次侧线圈。

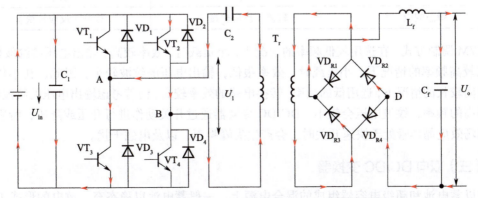

图 9-6　绝缘型全桥 DC/DC 变换器 VT_2 和 VT_3 导通控制

只要改变开关管的导通时间，就可以调节输出电压 U_o 的值。选择智能控制的大功率全桥 DC/DC 变换器，可以有良好的自我保护能力和更长的使用寿命。

DC/DC 变换器的外特性如图 9-7 所示，单向 DC/DC 变换器的控制框图如图 9-8 所示。根据 FCEV 的动力性能设计要求，确定 DC/DC 变换器输出电压的给定值。当燃料电池电流逐渐增大时，电压基本保持平稳，通过对输出电压的闭环控制，实现 DC/DC 变换器的恒

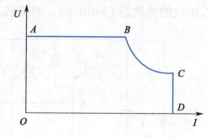

图 9-7 DC/DC 变换器的外特性

压输出（图 9-7 中的 A—B 段）。当燃料电池电流继续增大、电压快速下降时，通过对输出功率控制，实现 DC/DC 变换器的恒功率输出（图 9-7 中的 B—C 段）。由于燃料电池的电压达到下限值要受到所反应的温度、压力和环境等的影响，图 9-7 的 B—C 段的功率不能事先给定，而是用此时通过燃料电池的输出电压和电流来测定，并实时对 DC/DC 变换器的输出功率进行调节，这是保证燃料电池不会发生过放电的关键措施。当 DC/DC 变换器达到最大输出电流时，电压迅速下降（图 9-7 中 C—D 段）为恒电流段，其电流值决定 DC/DC 变换器的最大输出电流。

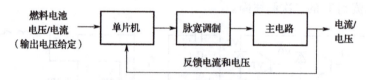

图 9-8 DC/DC 变换器的控制框图

控制芯片控制功率半导体导通、截止。调制方式有 PFM（脉冲频率调制方式）和 PWM（脉冲宽度调制）两种方式。PFM 调制时开关脉冲宽度一定，通过改变脉冲输出的时间，使输出电压达到稳定。PWM（脉冲宽度调制）方式开关脉冲的频率一定，通过改变脉冲输出宽度，使输出电压达到稳定。通常情况下，采用 PFM 和 PWM 这两种不同调制方式的 DC/DC 变换器的性能不同点见表 9-3。

表 9-3 两种不同调制方式 DC/DC 变换器的性能不同点

项目	PFM	PWM
电路规模（IC 内部）	简单	复杂
消耗电流	较少	较多
纹波电压	较大	较小
瞬态响应	较差（反应较慢）	较好（反应较快）

PWM 调制方式。在选用较低频率的情况下，小负载时，效率较高，输出电压的纹波较大；在选用较高频率的情况下，小负载时，效率很低，输出电压的纹波较小。因此，在小负载或待机时间较长的情况下，选用低的频率，转换电路的效率较高，但若考虑输出电压的纹波问题，若选用高的频率，纹波电压会较小。DC/DC 变换器通过开关动作进行升压或降压，特别是晶体管或场效应晶体管处于快速开关时，会产生尖峰噪声，以及电磁干扰。

（三）双向 DC/DC 变换器

在以蓄电池和超级电容器组成的混合电源上，一般蓄电池以稳态充、放电的形式工作，

而超级电容器在电动车辆起动时，能够以大电流的放电形式工作，在接受外电源或制动反馈的电能时又能以大电流的充电形式工作。蓄电池和超级电容器的电流为双向流动，因此，在蓄电池和超级电容器与电力总线之间装置双向、升降压（Buck-Boost）型DC/DC变换器，双向控制和调配所输入和输出的电流。升降压双向DC/DC变换器电路如图9-9所示，其中，电池（U_{bus}）端与输出的变频器相连。

变频器（或车载充电机）给电池和电容的充电过程：双向DC/DC变换器处于充电工况时（图9-10），导通开关VT_1彻底切断，开关VT_2处于导通和断开的控制中，来自变频器的制动反馈的电流或来自车载充电机的充电电流，经由动力总线先向蓄电池充电，再向超级电容器中充电。在通过电感L_1时，部分电流暂时存留在电感L_1中，当导通开关VT_2断开后，电感L_1中存留的电流通过整流二极管VD_2转存在电容器C中。双向DC/DC变换器在对超级电容器充电时处于降压（Buck）状态。在超级电容器电路上装置电感L_1还可以减小进入超级电容器线路的电流脉冲。

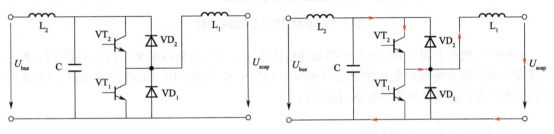

图9-9　非绝缘型双向DC/DC变换器电路　　图9-10　电池（U_{bus}）给电容（U_{scap}）充电电流流向

电池和电容给变频器供电过程：双向DC/DC变换器处于放电工况时，开关VT_2彻底切断，导通开关VT_1处于导通和断开的控制中（图9-11）。蓄电池电压高，先行向左放电。超级电容器放电要经过电感L_1先储能（图9-12）后能量释放两个过程。储能过程：开关VT_1导通，L_1电感有电流流过实现电感储能。电感的能量释放过程：VT_1断开的瞬间，L_1自感电动势提高电压后经二极管VD_2，经电感L_2给变频器供电。电流方向是由超级电容器向动力总线方向流动，DC/DC变换器对外放电处于升压（Boost）状态。在总线电路上装置电感L_2可以减小进入总线的电流脉冲。

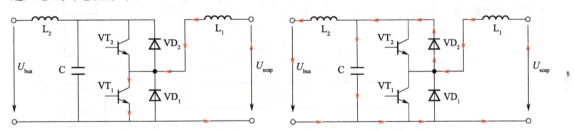

图9-11　电容放电前的先行给电感L_1储能电流流向　　图9-12　VT_1管断开电感L_1升压给电池（U_{bus}）充电

四 典型DC/DC变换器举例

（一）DC/DC变换器控制功能

如图9-13所示，DC/DC变换器将电动汽车蓄电池的额定电压直流降至大约12V（实际是14V），从而为电气零部件供电，并为12V蓄电池再充电。

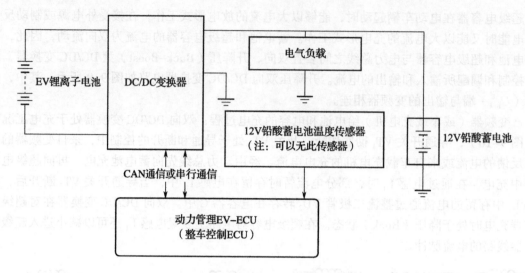

图 9-13 典型 DC/DC 变换器控制

有些电动汽车为调节 DC/DCC 变换器的输出电压，动力管理控制 EV-ECU 根据 12V 蓄电池温度传感器信号将输出电压请求信号传输至 DC/DC 变换器。DC/DC 变换器通过 CAN 或串行通信实现自诊断信息外传和控制信息下载。

（二）降压型 12V 变换器

典型的降压变换器如图 9-14 所示，车辆的辅助设备，如车灯、音响系统、空调系统（除空调压缩机）和 ECU，它们由 DC 12V 的供电系统供电。由于纯电动汽车动力电池电压额定等级一般为 300~650V 之间，比较常见的有的 330V、400V 和 650V。因此，需要降压变换器将这个电压降低到 DC 14V 来为 12V 蓄电池充电。这个变换器安装于变频器的下部。

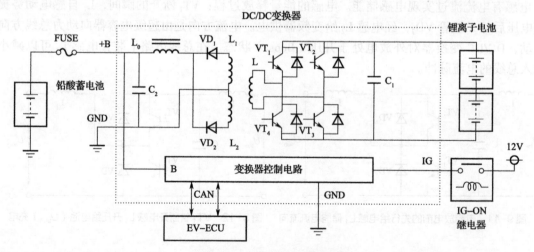

图 9-14 DC/DC 变换器系统图

其工作原理如下：

1）DC/DC 变换器上电过程。在点火开关（或一键式供电开关）打到 READY 时，系统主继电器（SMRG）和预充继电器（SMRP）先工作，完成 C_1 电容的预充过程。当电容 C_1 电压接近锂离子电池电压时，SMRB 继电器工作，同时 SMRP 继电器退出工作。

2)直流交流转换。DC/DC 变换器的控制电路控制晶体管 VT_1、VT_3 工作（图 9-15），此时通过 L 的电流由上到下。然后再控制 VT_2、VT_4 工作（图 9-16），此时通过 L 的电流由下到上，从而将直流变换成交流。

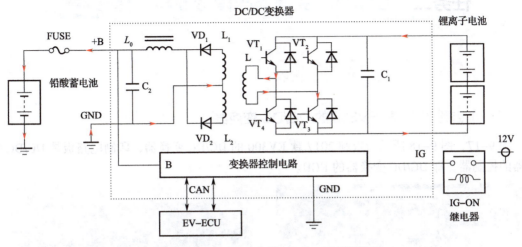

图 9-15　DC/DC 变换器 VT_1 和 VT_3 导通控制

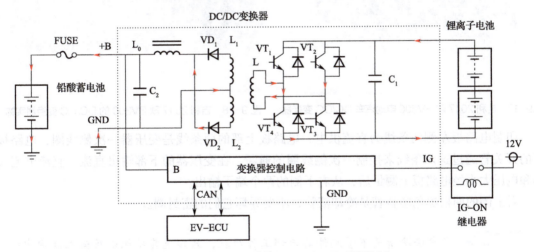

图 9-16　DC/DC 变换器 VT_2 和 VT_4 导通控制

3）降压过程。由于通过电感 L 为交流，在两个次级电感线圈 L_1 和 L_2 里感就出交流电，由于线圈匝数较少，所以电压输出较低。

4）整流过程。VD_1 和 VD_2 实现两个线圈的半波整流。

5）滤波过程。电感 L_0 和电容 C_2 用于滤波，实现电流平滑给铅酸蓄电池充电，从 GND 构成回路。

6）控制过程。DC/DC 变换控制电路根据输出的电压反馈进行电压输出控制，以满足晶体管 VT_1、VT_3 和 VT_2、VT_4 的换流控制。

7）通信过程。DC/DC 变换控制电路通过 CAN 与 EV-ECU 通信实现 DC/DC 自诊断的输出，同时针对用电负荷增加，可先于电压反馈进行控制。

任务二　DC/DC 变换器故障诊断与维修

一　典型 DC/DC 变换器诊断与维修

（一）吉利 2017 款 EV300 的 DC/DC 变换器

图 9-17、图 9-18 所示为吉利 2017 款 EV300 的 DC/DC 变换器，印制电路板是 DC/DC 变换器的控制器，即 DC/DC 变换器的 ECU。

图 9-17　吉利 2017 款 EV300 电动汽车 DC/DC 变换器

图 9-18　吉利 2017 款 EV300 的 DC/DC 变换器实物

印制电路板左侧两条线为直流供电，电路板上部的两条线是变压器一次侧线圈，电路板下的开关管通过这两条线来控制一次侧线圈的通断，在变压器的下部输出直流，直流电流大小和电压大小经电路板上测量后，从右下侧的两个端子输出。

右上侧的两根黑色塑料管是冷却液管，不要弄坏它们的密封圈。

黑盒法诊断　黑盒法诊断是不管元件其内部工作原理，只知道其功能以及输入和输出的关系，在确定输入正常、输出不正常时即判定盒子是坏的。所以对修理人员的要求就转变成能正确地测量出输入和输出状态。

采用拼修法　由于汽车的电子元件通常是专用的，若直接修理电路板又对修理人员要求太高，检查费用高、电子元件难买到、耗时高，换新件价格往往太高。实践中车主可以受更换旧的、修复的元件。那么什么是拼修法呢？拼修是用两个变频器内的 DC/DC，其中一个正常的，将正常的交换到不正常的上边去。如吉利 2017 款 DC/DC 变换器在变频器下壳体里，可直接将正常 DC/DC 变换器下壳体直接换到正常的变频器下部。

如图 9-19 所示，在拼修时注意 DC/DC 变换器从上部变频器取直流电时的正极、负极线很可能正负接反。

怀疑接反时，一定不要继续进行，否则 DC/DC 变换器在装车上电后会损坏。在装车之前，不能确定是否装反时，可通过模拟指针万用表根据母线电容来判断两根线的正负极是否接反。

图 9-19　容易接反的 DC/DC 变换器供电

（二）2021 款红旗 EQM5 纯电动汽车 DC/DC 变换器

图 9-20 所示为 2021 款红旗 EQM5 纯电动汽车采用独立的 DC/DC 变换器的车上位置，支持将动力电池电压降为 14V 电压。DC/DC 背端采用水冷进行散热，可见其两根外接软管的导引管。

一个典型案例：如图 9-21 所示，输出电缆螺栓未紧固到位导致的 DC/DC 变换器输出端接触电阻过大，大的工作电流最终导致输出接柱与 DC/DC 变换器内部烧结，在试图取下螺栓时，螺栓同内部电路板断开，但螺栓无法取出，试了多种办法，仍不能拆下螺栓，最终只能通过剪断电缆强制拆下。因为输出端口损坏，只能更换一个新的 DC/DC 变换器。

图 9-20　红旗 EQM5 纯电动汽车 DC/DC 变换器位置

图 9-21　剪断 DC/DC 变换器的输出电缆

（三）2020 款上汽荣威纯电动汽车 DC/DC 变换器

图 9-22 所示为 2020 款上汽荣威纯电动汽车采用的 DC/DC 变换器。它支持将动力电池电压降为 14V。DC/DC 变换器采用水冷进行散热，由图 9-22a 可见在左侧有散热水管。由图 9-22b 可见直流输出电缆和输出 14V 的端口，以及低压插座。

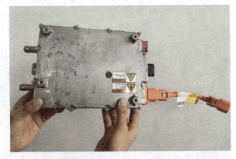

a）荣威纯电动汽车 DC/DC 变换器正面

b）荣威纯电动汽车 DC/DC 变换器右侧端面

图 9-22　荣威纯电动汽车 DC/DC 变换器

二、DC/DC 变换器充电熔丝断开故障诊断

1. 故障现象

车主报修：全车电弱，用电器打不开，车辆也无法行驶。经检查铅酸蓄电池电压低，换上新蓄电池后，一天不到故障就再次出现。检查蓄电池电压只有 4.31V，电压极低。

2. 故障原因

出现上述这种情况时，一般燃油汽车有三种可能：一是发电机未发电；二是有漏电的用电器；三是蓄电池损坏存不住电。纯电动汽车没有燃油汽车的 12V 直流发电机，12V 铅酸蓄电池的充电是通过 DC/DC 变换器来完成。按相同的分析方法，原因一是 DC/DC 变换器或相应电路损坏；二是有漏电的用电器；三是蓄电池损坏存不住电。

3. 故障诊断

无论上述哪种情况，检查的前提都是需要一块满电的蓄电池来更换车上的蓄电池，先行起动车辆。但手头没有满电的蓄电池，只好采用外接充电机，接好充电机后，打开点火开关到 READY 档成功，拆掉充电机与蓄电池的电缆，听见"咔嗒"一声。用万用表测量蓄电池的端电压仍为 4.3V，才想起刚才听见"咔嗒"一声原来是高压主供电继电器断开了。因此用充电机起动车辆，用车上的 DC/DC 变换器给蓄电池充电的思路没有成功。

断开蓄电池电缆，用充电机给蓄电池充电，因为是刚换上去用一天的新蓄电池，是能充电恢复的。充电 4h，测量蓄电池电压在 12.3V，电压虽然不足，但足以开启 READY 档。拆下蓄电池上的充电机，重启 READY 成功，再次测量蓄电池电压仍为 12.3V，没有 14V 的充电电压。难道是 DC/DC 变换器没给蓄电池充电造成的馈电？测量了 DC/DC 变换器的供电熔丝正常，重新确认一下 DC/DC 变换器不发电，可以考虑更换一个新 DC/DC 变换器。从熔丝盒的供电熔丝测量（第一次是从蓄电池极桩测的 DC/DC 变换器是否发电），即从图 9-23 熔丝盒断开熔丝的右侧对地测量发现有 14V 左右的电压（断开熔丝的左侧红线接蓄电池正极，右侧接 DC/DC 变换器输出），这证明 DC/DC 变换器正常输出充电电压。不充电说明一定有断开的部位，在充电电缆和蓄电池两者之间只有一个熔丝，一定是这个熔丝断开了，透过熔丝的观察口发现熔丝确实断开了。

故障部位找到，更换损坏的熔丝。先行拆下白壳熔丝两端电缆，白色壳体熔丝通过螺栓固定在熔丝盒中，如图 9-24 所示，由于空间狭窄，在一人辅助下，拆下两个螺栓用了 5min 时间。在废旧的线束上找到相同位置的这个熔丝，如图 9-25 所示，不过熔丝为颜色为蓝色（并

图 9-23　事后补测白色熔丝右侧螺栓对地无电压

图 9-24　拆下白壳熔丝两端电缆

不是白色），两者形状和参数相同，从废旧线束上拆下这个熔丝又用时 5min，更换完成后（图 9-26），故障排除。

图 9-25　拆下的 DC/DC 变换器熔丝

图 9-26　更换后的蓝色熔丝

4. 诊断思路回顾

事后分析为什么其他小熔断电流的熔丝一个没断，偏偏这个大熔断电流的熔丝断开呢？

经分析确认，这种情况是在 DC/DC 变换器给蓄电池充电工作过程中正极桩电缆或正极桩人为接地造成短路而造成。

三 DC/DC 变换器损坏故障诊断

1. 故障现象

一汽奔腾 B50 纯电动汽车在 2019 年 4 月来报修低压蓄电池无电。更换了新蓄电池后不久，仍旧无电。

2. 故障原因

经检查确实蓄电池电压低，分析导致蓄电池无电的原因有以下几种情况：

1）高压电没加到 DC/DC 变换器上。
2）DC/DC 变换器（图 9-27）未进行 14V 充电电压转换。
3）蓄电池向外部漏电严重。

3. 故障诊断与排除

1）更换一块手边有电的蓄电池，打开点火开关，上电 READY 正常，说明 DC/DC 变换器高压供电基本正常。
2）测量蓄电池电压为 11.98V（图 9-28），而不是 DC/DC 转换电压 14V，初步判定 DC/DC 变换器损坏。
3）检查 DC/DC 变换器低压控制线供电和接地正常，判定 DC/DC 变换器损坏，解决办法是更换

图 9-27　DC/DC 变换器内部的空调 PTC 供电继电器（右下侧）

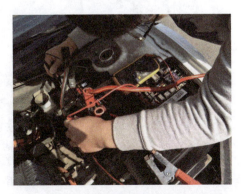

图 9-28　打开点火开关测量蓄电池电压为 11.98V

DC/DC 变换器。

由于没有举升机，无法从车底将检修塞拆下，只能断开蓄电池负极，断开蓄电池负极主供电继电器就断开了。

> **技师指导** 按理是不必拆下检修塞的，厂家要求拆下检修塞是防止主供电继电器粘结无法断开，造成触电危险。

在操作过程中，为了安全，在断开蓄电池后，对变频器的直流进线进行了验电（图9-29），电压为0V，说明变频器的上电继电器断开，同时变频器内部的电容放电完毕，验电过程结束。

断开变频器控制线束、拆下变频器，断开直流供电。拆下变频器上盖（图9-30），断开电机的三相连接、电机解角传感器和温度传感器连接。断开冷却液管、断开DC/DC变换器前后的线束连接，拆下变频器（图9-31）。

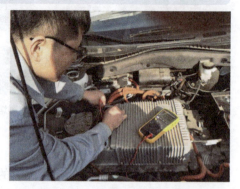

图9-29 对变频器供电进行验电

图9-30 拆下变频器上盖

图9-31 拆下变频器

更换新的 DC/DC 变换器前要注意在变频器散热器上涂好导热硅脂（图9-32），在变频器上装上新的 DC/DC 变换器（见图9-33）。

图9-32 在散热器上涂均导热硅脂

图9-33 装上新的 DC/DC 变换器

接上冷却液管、线束，安装全部的拆装部件后，接上蓄电池电缆，将点火开关打到 READY 档，重新测量 DC/DC 变换器输出为 13.87V，说明 DC/DC 变换器给蓄电池充电，故障排除。

复习题

1. 填空题

（1）DC/DC 是_____的缩写。

（2）降压 DC/DC 变换器的功能是_____。

2. 判断题

（1）电动汽车的降压 DC/DC 变换器输出 12V 电压。（　　）

（2）电动汽车的降压 DC/DC 变换器输出 14V 电压。（　　）

3. 简答题

（1）汽车直流/直流变换器由哪些主要元件组成？

（2）简述汽车直流/直流变换器的工作原理。

（3）汽车直流/直流变换器不工作时，汽车的表现是什么？

（4）写出电动汽车低压 12V 铅酸蓄电池亏电的原因。

项目十
电动汽车空调原理与故障诊断

情境引入

小林遇到一辆纯电动汽车，在打开空调后无法制冷，打开前舱盖，没有找到传动带带动的空调压缩机，小林感到一片迷茫。你知道要解决这个问题，要用到哪些知识吗？

学习目标

1. 能说出电动汽车制冷和制热方式的优缺点。
2. 能说出电动客车热泵式空调的工作原理。
3. 能说出 PTC 加热的控制过程。
4. 能说出直接式热泵式空调工作原理。
5. 能说出间接式热泵式空调工作原理。
6. 能说出补气增焓式热泵式空调工作原理。
7. 能排除电动汽车空调不制冷故障。
8. 能排除电动汽车空调不制热故障。

任务一　空调工作原理认知

一　空调制冷/制热方式

空调的功能是对车内空气进行制冷、制热、除湿、通风、空气清洁及清新度保持在使人感觉舒适的状态。在不同的气候环境条件下，电动汽车车内应保持如传统汽车的舒适状态，以提供舒适的驾驶和乘坐环境。

与普通空调装置相比，电动汽车空调装置以及车内环境主要有以下特点：

1）汽车空调系统安装在运动的车辆上，要承受剧烈而频繁的振动与冲击，要求电动汽车空调装置结构中的各个零部件都应具有足够抗振动冲击和良好的系统气密性能。

2）电动汽车大部分属于短距离代步，乘坐时间较短，加上电动汽车内乘员所占空间比大，产生的热量相对较多，相对热负荷大，要求空调具有快速制冷、制热和低速运行能力。

3）电动汽车空调使用的是车上蓄电池提供的直流电源，压缩机工作效率高，控制可靠性高，维护方便。

4)汽车车身隔热层薄,而且门窗多,玻璃面积大,隔热性能差,电动汽车也不例外,致使车内漏热严重。

5)车内设施高低不平,例如座椅会使气流分配困难,难以做到气流分布均匀。

电动汽车和传统汽车的驱动动力不同,使得它们的空调系统也有很大的区别:电动车没有用来采暖的发动机余热,不能提供作为汽车空调冬天采暖用的热源,电动车的空调系统必须自身具有供暖的功能,即要求采用热泵型空调系统。同时,压缩机也只能采用电机直接驱动,结构上与传统的压缩机形式不完全相同。由于用来给热泵空调系统提供动力的电池主要是用来驱动汽车的,空调系统能量的消耗对汽车的续驶里程影响很大。如果电动汽车仍采用传统能效比较低的空调系统,将要求耗费10%以上的电功率,这就意味着要在增加电池的制造成本和降低电动汽车的驱动性能指标之间进行选择。同燃油汽车相比,对电动汽车空调系统的节能高效提出的要求更高。同时,电动汽车空调必须要解决制冷、制热两大问题。根据电动汽车特有性质,目前电动汽车空调有半导体式(热电偶)、电动热泵式、燃油加热式、PTC加热式,其中电动热泵式空调最有发展前途。

1. 半导体式制冷/制热

半导体制冷又称电子制冷,或者温差电制冷,是从20世纪50年代发展起来的一门介于制冷技术和半导体技术边缘的学科,与压缩式制冷和吸收式制冷并称为世界三大制冷方式。半导体制冷器的基本器件是热电偶,即把一只N型半导体和一只P型半导体连接成热电偶,通上直流电后,在接口处就会产生温差和热量的转移。在电路上串联起若干对半导体热电偶,而传热方面是并联的,这样就构成了一个常见的制冷热电堆。借助于热交换器等各种传热手段,使热电堆的热端不断散热并且保持一定的温度,而把热电堆的冷端放到工作环境中去吸热降温,这就是半导体制冷的原理,如图10-1所示。

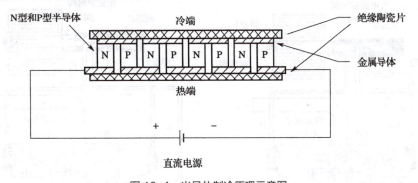

图10-1 半导体制冷原理示意图

半导体制冷作为特种冷源,在技术应用上具有以下特点:不需要任何制冷剂,可连续工作,没有污染源,没有旋转部件,不会产生回转效应,没有滑动部件,是一种固体片件,工作时没有振动、噪声,寿命长,安装容易。半导体制冷片具有两种功能,既能制冷,又能加热,制冷效率一般不高,但制热效率很高,永远大于1。因此使用一个片件就可以代替分立的加热系统和制冷系统。半导体制冷片是电流换能型片件,通过输入电流的控制,可实现高精度的温度控制,再加上温度检测和控制手段,很容易实现遥控、计算机控制,便于组成自动控制系统。半导体制冷片热惯性非常小,制冷制热时间很快,在热端散热良好冷端空载的情况下,通电不到1min,制冷片就能达到最大温差。半导体制冷片的反向使用就是温差发电,半导体制冷片一般适用于中低温区发电。半导体制冷片的单个制冷元件对的功率很小,但组合成电堆,用同类型的电堆串、并联的方法组合成制冷系统的话,功率就可以做得很大,因此制冷功率可以做到几毫瓦到上万瓦的范围。半导体制冷片的温差范围，在 -130~90℃ 内都可以实现。

从空调技术成熟性和能源利用效率比较来看，对于半导体制冷片技术的电动汽车空调系统，目前存在着热电材料的优值系数较低、制冷性能不够理想，并且热电堆产量受到构成热电元件元素产量的限制，不具备电动汽车空调节能高效的要求。这使得电动汽车空调更倾向于选用节能高效的热泵型空调，该技术方案对于不同类型电动汽车通用性较好，并且对整车结构改变较小，是将来电动汽车空调发展趋势。

▶ **注意**：目前还没有汽车采用此种方法做制热和制热系统，现在主要应用在家庭的饮水机内，将来是否应用于汽车未知。

2. 热泵型空调系统制冷 / 制热

在理论上，制冷循环逆转可以用于制暖。但在环境气温低的情况下，制暖性能会下降，无法满足在低温区具备高制暖性能的汽车制暖性能要求。利用电动压缩机压缩制冷剂并使其循环，行驶时，制冷剂在冷凝器中受风冷却。而且，在冬天，当冷凝器（制暖时改为蒸发器）结霜时，制暖性能也难以发挥。这就需要考虑增加为冷凝器（制暖时为蒸发器）加温除霜的系统。

制暖原本在某些情况下需要比制冷更高的性能。例如，在冬天制暖行驶时，为防止车窗起雾一般会导入车外空气。汽车因要在行驶的同时向车外排放加热了的空气，此时制暖需要比制冷更高的性能。

热泵型空调系统是在原有燃油汽车的基础上进行改进的，压缩机是由永磁直流无刷电机直接驱动，系统的工作原理如图 10-2 所示。该系统与普通的热泵空调系统并无本质区别，由于

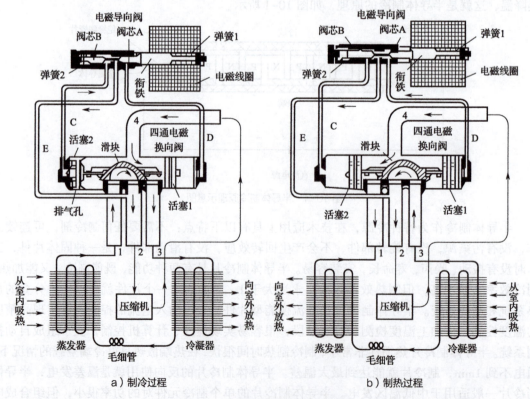

图 10-2　家用热泵型空调工作原理

在电动车上使用,压缩机等主要部件有其特殊性。而且国外热泵技术具备了一定的基础,该技术最大的优点就是制冷、制热效率高。全封闭电动涡旋压缩机由一个直流无刷电机驱动,通过制冷剂回气冷却,具有噪声低、振动小、结构紧凑、质量轻等优点。在测试条件为环境温度40℃、车内温度27℃、相对湿度50%的工况下,系统稳定时它能以1kW的能耗获得2.9kW的制冷量;当环境温度为-10℃,车内温度25℃,以1kW的能耗可以获得2.3kW的制热量。在-10~40℃的环境温度下,它均能以较高的效率为电动汽车提供舒适的驾乘环境。若能在零部件技术上得到改进,相应效率还可以得到提高。

> **技师指导** 纯电动汽车的热泵式空调与家用热泵式空调在原理上相同,在结构上是有区别的,详见后文讲解。

目前热泵型电动汽车空调最大的软肋是低温制热问题,尤其是在我国东北地区。为了使热泵型电动汽车空调更节能高效,一般从以下几个角度去着重解决:开发更高效的电动涡旋压缩机;开发控制更精准、更节能的硅电子膨胀阀;采用高效的过冷式平行流冷凝器;改善微通道蒸发器结构,使制冷剂蒸发更均匀。此外,电动汽车开门的次数以及在行车中受车速、光照、怠速等因素的影响,空调湿热负荷大。压缩机乃至整个空调系统都要适应这种多因素变化的工况,因此热泵型电动汽车空调系统变工况设计尤为重要。

蒸发器风机的风量与车内温度、设定温度、环境温度、太阳辐射强度、蒸发器出风口温度之间的关系是非线形的,使用以下公式计算所需的风量:

$$风量 = T_{amb} + mT_{set} + nT_{in} + aT_{out} - S_{solor} - K$$

式中,T_{amb}、T_{set}、T_{in}、T_{out}、S_{solor}分别为环境温度、设定温度、车内温度、蒸发器出风温度、太阳辐射强度;m、n、a、K为常数;通过查表的方法来控制蒸发器的风量。

汽车空调热泵系统与普通的家用空调比较相近,是对普通家用空调的一种使用场合的扩展。为防止制热时因除霜导致室内舒适性下降,采用了热气旁通不间断制热除霜方式。除霜时,运行原理基本与制热相同,只是将融霜电磁阀打开,让从压缩机出来的高温高压的过热气体有一部分被分流到室外换热器的入口,迅速把室外换热器的温度提高到0℃以上,融掉室外换热器上的霜层,使换热器保持良好的换热效率。

现在有客车采用了此种家用空调技术改进来的制冷和制热系统,由于客车有足够的空间,这种方法较好。国外电动汽车空调发展相对国内来说较成熟,国外电动汽车空调不乏有跟国内相似的模式,但在热泵电动汽车空调上已经有了一定的基础,日本本田纯电动汽车就采用了电驱动热泵式空调系统。

此外,在特别寒冷的地区使用时,部分车型可以选装一个燃油驻车加热器进行采暖。

> **技术指导** R134a制冷剂和CO_2制冷剂是电动汽车常用制冷剂,国内大多电动汽车空调采用日本电装(DENSO)公司开发的产品,有采用R134a制冷剂和CO_2为制冷剂的电动汽车热泵型空调系统,其在热泵系统的风道中采用了车内冷凝器和蒸发器的结构。CO_2制冷系统与R134a制冷系统不同的是当系统为制冷模式时,制冷剂同时流经内部冷凝器和外部冷凝器。

➤ **注意**:在风道中仅用一个换热器时,在制冷模式下为蒸发器,制热模式下为冷凝器。采用这种结构的热泵空调系统,不仅需要开发允许双向流动的膨胀阀,并且在热泵工况下,系统融霜时，风道内换热器上的冷凝水将迅速蒸发，在风窗玻璃上结霜，不利于安全驾驶的需要。因此，有必要在热泵系统的风道中采用设有内部冷凝器和蒸发器的结构，车外冷凝器和蒸发器共用一个热交换器。

3. 驻车加热器制热

纯电动汽车由于无法再利用发动机余热制暖，用电制热的方式在电池容量不高且价格高时不经济，国内一部分电动汽车采用传统燃油汽车使用的驻车加热器作为加热源，如图10-3所示，虽然有仍用燃油作为燃料的不足，但至少能促进电动汽车的进一步应用。加热器安装是通过与仪表台下的原散热器冷却循环串联。其工作原理是利用另加的油箱来供油，并通过燃烧汽油所产生的热量来加热散热器，同时使驾驶室升温。热交换器是发动机冷却液采暖系统的心脏，它的作用是把冷却液热量传给空气。

图10-3 气暖式（左图）和水暖式（右图）驻车加热器

驻车加热器的工作原理：遥控器或定时器给驻车加热器ECU一个启动信号，计量油泵从油箱泵油并以脉冲形式将燃油打到燃烧室前的金属毡上，笔状点火器加热到900℃左右，将喷溅的细小油滴汽化，空气由燃烧空气鼓风机吸入，与汽油混合后并点燃，火焰将热能传递给发动机冷却液，电动循环水泵推动冷却液循环进入蒸发箱内散热器，鼓风机吸入使车内冷空气通过散热器，把变热的空气鼓入车内。

> **技术指导** 似乎有些矛盾，但这种方法也是加速电动汽车在特殊地区（如我国北方地区）产业化的一种方式，特别是在客车上，因为过去客车就采用过驻车加热器作为冬季供暖的设备。

4. PTC加热器的电制热方式

若电动汽车采用加热器的电制热方式时，加热器一般配置在驾驶席和前排乘客席之间的地板下方。加热器由可用电发热的PTC（Positive Temperature Coefficient）加热器元件，将加热器元件的热量传送至冷却液的散热扇。因要求加热器要有较高的制暖性，所以电源使用的是驱动电机的锂离子动力电池的高压，而非辅助电池（12V）。如果是纯电动汽车（EV）专用产品，也可以不使用冷却液，直接用鼓风机吹送经PTC加热器加热的暖风。

> **技术指导** 工程上一般$1mm^2$纯铜线通常可通过5A电流，若3.6kW加热器12V则需要供电线为$60mm^2$，可以说这样的线又粗又硬，无法在车上使用。

由于要制造的加热单元要使用动力电池的高电压，用少量放热元件产生大量热量，加热器需要丰富的设计和制造技术经验。加热器机身内部有板状加热器元件。通过在元件两侧通入散热剂（冷却液）提高散热性。加热器元件采用了普通PTC元件，PTC元件夹在电极中间，具有电阻随元件温度改变的性质。在低温区电阻低，电流流通产生热量，随着温度升高，电阻逐渐增大，电流难以流通，发热量随之降低。PTC元件的特性符合汽车的制暖性能要求，具备在低温区的高制暖性能。

电动汽车沿用传统汽车的制暖结构。传统汽车的制暖系统由发动机、冷却液、加热芯和送风的鼓风机电动机组成。吸收发动机的热量后温度升高的散热剂在加热芯中内部流过，车内冷空气从加热芯外部流过，为车内制暖。因此只要有暖风散热器和电动水泵就能工作。

此外，目前加热器的ECU（电子控制单元）与空调系统整体是各自独立的，也可将ECU与加热器融为一体。纯电动汽车配备多个加热器元件，可以使其制暖能力提高到与燃油汽车相当。但是，为了尽量把电池容量留给行驶，在设计时对制暖耗电进行了抑制。弱混电动汽车以市区行驶速度（40~60km/h）为例，在某些条件下，使用制暖时的行驶距离要短于使用制冷时，体现出制暖的电池消耗比制冷的电池消耗更大。

目前，弱混电动汽车的制冷和制暖系统各自独立，比如德国厂商的轻混型混合动力汽车的制暖主要依靠发动机冷却液的余热，而制冷则采用电动空调压缩机。

二 电动制冷过程

早期的国产电动汽车由于受到动力电池存储能力的限制，为了不影响电动汽车的续驶里程，大多数车型都没有配备空调系统。随着国内电动汽车逐步产业化、市场化，电动汽车必然要配备空调系统。由于受到电动汽车独特性影响，国内汽车厂家从传统燃油汽车空调的基础上进行部分替换设计，将燃油发动机带动的压缩机替换成直流电机驱动的压缩机，控制上做简单相应改变，来完成空调制冷的功能，目前替换设计效果基本能解决电动汽车空调的制冷问题，但制冷效率有待提高。

> **技术指导** 在空调的主要零部件选用上，目前国内的电动汽车除了压缩机和控制模块，其他主要零部件还是沿用燃油汽车空调的零部件，冷凝设备主要用的是平行流冷凝器，蒸发设备主要用的是层叠式蒸发器，节流装置仍然是热力膨胀阀，制冷剂仍然是R134a。据不完全了解，国内在大力开发电动汽车的厂家如奇瑞、比亚迪、一汽、上汽、江淮等，目前电动汽车空调配套情况基本差不多，都处于上述发展现状。

1. 单制冷式空调

单制冷式空调系统组成沿用传统汽车空调元件，仅具有制冷作用，不能像热泵式空调即能制冷也能制热。

（1）制冷系统的组成

如图10-4所示，制冷系统主要由纯电动或混合动力汽车的电动压缩机、冷凝器、储液干燥器、膨胀阀、蒸发箱和控制电路等组成。低压管路：从节流阀出口至压缩机入口，沿程有蒸发箱、低压加注口、积累器。高压管路：从压缩机出口至节流阀入口，沿程有压缩机、冷凝器、干燥器、高压加注口、高低压开关、节流阀。

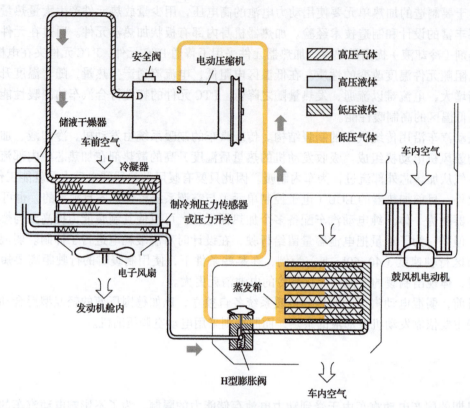

图 10-4 汽车制冷系统组成

> **技术指导** 客车多采用变频器控制高压三相电机驱动压缩机,因此有独立的电机变频器,电机和压缩机之间采用带传动方式。而轿车多采用整体式电动压缩机电机,这种压缩机内部有电机,一般采用高电压供电变频驱动。

（2）制冷系统部件功能

压缩机把低温、低压的气态的制冷剂吸入压缩成高温、高压液态制冷剂,以跟外界空气形成温差。冷凝器把经过冷凝器专用风扇或发动机散热器风扇的高温、高压制冷剂的热量散至周围空气,制冷剂降温;干燥器用来除去制冷剂中的水分;高压加注口用于加制冷剂或对管路抽真空用;高、低压开关中,高压开关保护管路,低压开关保护压缩机;节流阀(膨胀阀)即一个可变或固定截面小孔,把高压制冷剂节流雾化,经蒸发箱吸收车内空气热量;在鼓风机的作用下,蒸发箱吸收车内热量,变成低温、低压的气态;积累器用来储存制冷剂,防止从蒸发箱出来的不是气态而液击压缩机,一般不设计;低压加注口用于加制冷剂或对管路抽真空。

对于目前传统燃油汽车空调系统,制冷主要采用发动机驱动的蒸气压缩式制冷系统进行降温,而制热主要采用燃油发动机产生的余热。而对于电动汽车中的纯电动汽车以及燃料电池汽车来说,没有发动机作为空调压缩机的动力源,也不能提供制热用的热源,因此无法直接采用传统汽车空调系统的解决方案;对于混合动力车型来说,发动机的控制方式多样,故空调压缩机也不能采用发动机直接驱动的方案。综合以上原因,在电动汽车的开发过程中,必须研究适合电动汽车使用的新型空调系统。对于电动汽车来说,车上拥有高压直流电源,因此，采用电动热泵型空调系统，压缩机采用电机直接驱动，成为电动汽车可行的解决方案。若热泵式空调的压缩机电机采用变频控制技术，膨胀阀采用电子膨胀阀节流技术，则使控制更精确，并可更节能。

传统燃油汽车的自动空调系统，是通过控制混合风门的开度来调节出风温度以及控制风机的转速来调节风量，以使车内温度保持在设定值。而对于电动汽车的热泵空调系统而言，没有热水芯来调节出风温度，但是压缩机的转速可以通过变频器来控制，因此它的控制方法也就不同于传统燃油汽车的空调系统。

在电动汽车热泵空调系统中，压缩机的转速是制冷量的主要控制量，对于压缩机的转速采用的控制方法归纳如下：当车内温度高于设定温度1℃时，为了尽快使温度达到设定值，压缩机以最大转速运行；若车内温度低于设定温度1℃，压缩机以最低转速运行；当室温偏差在 -1~1℃ 之间时，压缩机的转速通过模糊控制算法来控制，以每一采样时刻室温与设定值的温差及温差的变化率为输入量，通过模糊推理得出压缩机的转速值。同时蒸发器风机的风量不仅影响制冷系统，而且对车内温度有较大的影响。如果只将蒸发器风机以最大风量运行，不仅噪声比较大，也不利于满足车内的舒适性要求。尤其对于电动汽车空调系统，没有热水芯调节出风温度，车内的体积比较狭小，如果车内温度只通过调节压缩机的转速来控制，车内温度会比较容易波动，不利于系统的稳定运行。因此只在车内负荷比较大的情况下才让风机以最大风量运行，而在其他情况应该采取合适的控制策略，以保证车内的温度稳定在设定温度。在初始制冷阶段，压缩机和蒸发器风机以最大转速运行，能使车内温度迅速降到设定温度。当温度达到设定温度后，有少许超调量，控温精度较高。例如当压缩机从最大转速 6000r/min 降到 3300r/min 左右时，通过控制蒸发器的风量，车内温度可以平稳地降到设定温度附近，使得此时压缩机转速的超调量较小。

2. 电动变排量涡旋式制冷压缩机

新款 Prius 上的 ES18 电动变频压缩机由内置电机驱动。除了由电机驱动的部件外，压缩机的基本结构和工作原理与旧款 Prius 上的涡旋压缩机相同。空调变频器提供的交流电（201.6V）驱动电机，变频器集成在混合动力系统的变频器上。这样，即使发动机不工作，空调控制系统也能工作，既能达到良好的空气状况，也减少了油耗。由于采用了电动变频压缩机，压缩机转速可以被控制在空调ECU计算的所需转速内。因此，冷却性能和除湿性能都得到了改善，并降低了功率消耗。压缩机的进气、排气软管采用了低湿度渗入软管，这样，可以减少进入制冷循环中的湿气。压缩机使用高压交流电，如果压缩机电路发生开路或短路，HV-ECU 将切断空调变频器电路来停止向压缩机供电。为了保证压缩机和压缩机壳内部高压部分的绝缘性能，新款 Prius 采用了有高绝缘性的压缩机油（ND11），绝对不能使用除 ND11 型压缩机油或它的同等品外的压缩机油。

（1）结构

如图 10-5 所示，电动变频压缩机包含一螺旋形固定蜗形管（定子叶片）和可变蜗形管（晃子叶片）、无刷电机、油挡板和电机轴。固定蜗形管安装在壳体上，轴的旋转引起可变蜗形管在保持原位置不变时发生转动，这时，由这对蜗形管隔开的空间大小发生变化，实现制冷气的吸入、压缩和排出等功能。将进气管直接放在蜗形管上可以直接吸气，从而可以提高进气效率。压缩机中有一个内置油挡板，可以挡住制冷循环过程中与气态制冷剂混合的压缩机油，使气态制冷剂循环顺畅，从而降低机油的循环率。

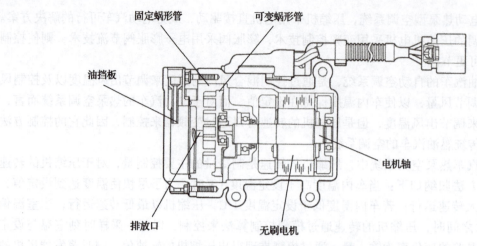

图 10-5 电动变频压缩机内部结构

(2) 工作原理

图 10-6 所示为电动涡旋式压缩机的定子叶片（左）和晃子叶片（右）实物图。

具体工作过程如图 10-7 所示。

1) 吸入过程。在定子叶片（固定蜗形管）和晃子叶片（可变蜗形管）间产生的压缩室的容量随着晃子叶片的晃动而增大，这时，气态制冷剂从进风口吸入。

图 10-6 电动涡旋式压缩机的定子叶片（左）和晃子叶片（右）

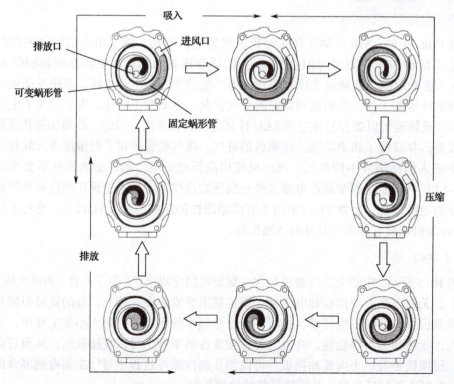

图 10-7 电动变频涡旋压缩机工作过程

2）压缩过程。吸入步骤完成后，随着晃子叶片继续转动，压缩室的容量逐渐减小。这样，吸入的气态制冷剂逐渐压缩并被排到定子叶片的中心。当晃子叶片转约2周后，制冷剂的压缩完成。

3）排放过程。压缩完成而压力较高时，气态制冷剂通过定子叶片中心的按压式排放阀排出到高压管。

任务二　汽车热泵式空调认知

目前的汽车热泵式空调有直接式、间接式和增焓式三种。

一　直接式热泵空调

日产聆风（NISSAN Leaf）于2010年底在欧美以及日本市场上市，2011年进入中国市场，是21世纪后最早的商品化纯电动汽车，它采用的是直接式热泵空调系统。与传统空调相比，其改变是空调箱内部布置一个热交换器，称为车内冷凝器。

1. 直接式热泵空调制冷

如图10-8所示，制冷时，车内冷凝器没有车内鼓风机过来的空气通过车内冷凝器翅片，这时工作原理基本与传统空调相同，气态制冷剂经电动压缩机压缩为高温（70℃）高压（13~15bar，$1bar=10^5Pa$）的气态制冷剂；气态制冷剂经车内冷凝器、压力传感器、截止阀2、

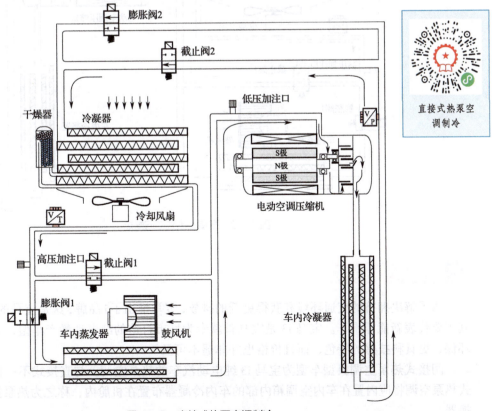

图10-8　直接式热泵空调制冷

车外部冷凝器和干燥器后降为中温（50℃）中压（1.1~1.4bar）液压制冷剂，经低压加注口到膨胀阀1，经膨胀阀1节流进入车内蒸发器形成低温（负5℃）低压（1.5bar）气态制冷剂；低温气态制冷剂从车内吸热后变为稍升温（0~5℃）低压（1.2bar）的气态制冷剂（实际不一定全部蒸发掉，可能存在液态的制冷剂，这时可增加液气分离器），制冷剂再次进入电动压缩机吸入形成新的循环。

2. 直接式热泵空调制热

如图10-9所示，制热时，车内冷凝器有车内空气通过车内冷凝器。气态制冷剂经电动压缩机压缩为稍高压的制冷剂，制冷剂经车内冷凝器散热后降温，经膨胀阀2蒸发降为温度低于外部环境温度的气体；低于外部环境温度的气体进入车外部冷凝器后从车外空气吸热，经截止阀1从新进入电动压缩机再次升温进入车内冷凝器，车内冷凝器温度大于车内空气温度，给驾驶室加热。

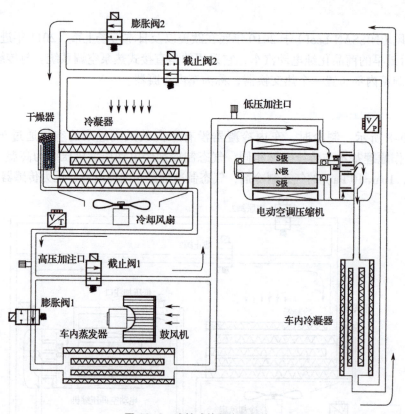

图10-9 直接式热泵空调制热

二 间接式热泵空调

为了解决拥挤的交通环境和获得更低的排放，宝马推出了i品牌，这是宝马的第四个品牌，其主要代表新能源汽车。宝马i3是宝马首款专为城市打造的纯电动量产车型，其不仅拥有更环保、更具科技感的特色，而且价格也并非遥不可及。

间接式热泵空调典型车型为宝马i3纯电动汽车的热泵空调。与直接式不一样的是，间接式热泵空调将应内置在车内空调箱内部的车内冷凝器布置在机舱内，称之为热泵换热器或热交换器。

1. 带热泵的加热回路

宝马 i3 纯电动汽车的热泵换热器安装在冷却液泵和电加热器之间，由于使用热泵式空调制热，PTC 电加热器的电能消耗明显减少。为了获得 5kW 的输出热量，由于电阻损失，单独采用电加热器需要消耗 5.5kW 的电能。而带热泵的系统只需要 2.5kW 的电能驱动电动空调压缩机后，即可产生 5kW 的输出热量，通过进行效率比较，清晰地显示了热泵节约的能量。尽管热泵的加热效率高，但在低环境温度时热泵的加热效率也会大大下降，不能满足实车使用，因此仍需要 PTC 电加热器。

2. 热泵系统

在宝马 i3 纯电动汽车上，电机和功率电子装置（变频器、车载充电机和 DC/DC 变换器等）产生的可用废热很少。由于配置了热泵，使用电加热器的纯电动汽车其续驶里程并不明显减少。乘员舱所需的热量由带热泵的暖风空调系统提供。热泵的工作原理与暖风空调系统相反，低温高压的制冷剂流过车外冷凝器时，能从外界大气中吸收热量。而流过热泵热交换器（车内冷凝器）时，高温制冷剂释放的热能用于加热乘员舱。

3. 热泵系统主要元件

（1）自动恒温空调控制单元

自动恒温空调控制单元评估制冷剂温度和制冷剂压力信号，控制制冷剂截止阀和制冷剂电控膨胀阀等执行器。

（2）制冷剂温度传感器和压力-温度传感器

带热泵的空调制冷剂管路上有三个温度传感器，两个压力-温度传感器，用于把制冷剂温度和压力值传递给自动恒温空调控制单元。

（3）制冷剂截止阀

由于空调压缩机的润滑和压缩，制冷剂不能在电动压缩机和储液干燥器的制冷剂管路中反向流动。按照自动恒温空调控制单元发来的指令，热泵控制器打开或关闭制冷剂截止阀。截止阀阀门用于控制制冷剂回路，可以引起制冷剂在冷凝器和蒸发器中的不同流向，使热泵有制冷、加热和混合三种不同的运转模式。

所有制冷剂截止阀都位于车辆的前端，制冷剂截止阀四个，制冷剂截止阀只能全开或全关，其中三个阀门在断电时打开，另一个阀门在断电时关闭。制冷剂截止阀的安装位置分别为：电动压缩机和热泵换热器之间；电动压缩机和冷凝器之间；蒸发器和储液干燥器之间；冷凝器和储液干燥器之间，这个阀门在线圈断电时，液压通路关闭。在热泵的加热模式下，关闭的阀门打开，使制冷剂从冷凝器通过储液干燥器流回电动压缩机。

（4）电控膨胀阀

由于使用了热泵，高电压蓄电池冷却回路中的热控膨胀阀和组合的膨胀截止阀被三个电控膨胀阀取代。这三个阀使用步进电机在 0~100% 之间控制制冷剂管路。

（5）储液干燥器

储液干燥器储存润滑用冷冻机油，保证热泵回路的正常工作。空调的储液干燥器集成在冷凝器上，不能单独更换。

（6）热泵换热器

热泵换热器将高温高压制冷剂的热量传递给暖风加热管路流动的冷却液。

4. 工作模式

汽车上安装的热泵有制冷、加热和混合三种工作模式。该热泵系统使用 1kW 的电能可以获得 2kW 的热量或 3kW 的冷气。在所有工作模式，热泵的感知温度范围是 –10~40℃。带热泵的空调制冷剂量是 970g，不带热泵的空调制冷剂量是 750g，制冷剂的量对空调系统的正常运转非常重要。

（1）制冷模式

热泵在制冷模式时，制冷剂回路选用的设备与空调的标准设备完全相同。如图 10-10 所示，关闭制冷剂截止阀 2 和 3，打开制冷剂截止阀 1 和 4。

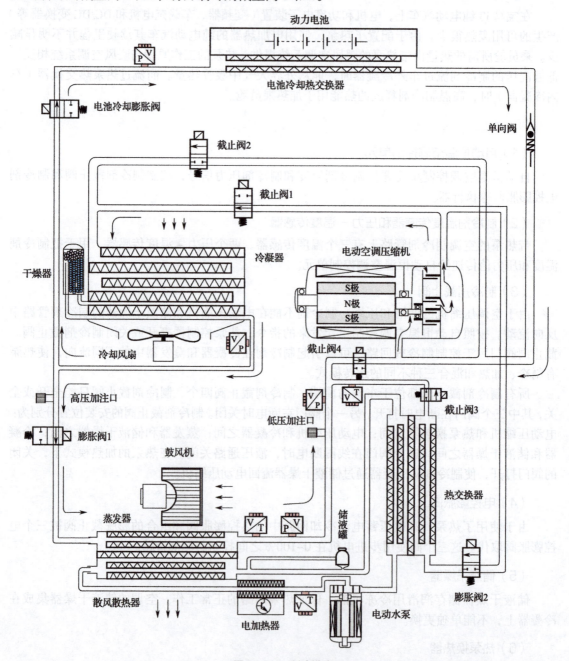

图 10-10　制冷模式

（2）加热模式

如图10-11所示，热泵在加热模式时，关闭制冷剂截止阀1和4，打开制冷剂截止阀2和3，电动压缩机出来的制冷剂流过热泵换热器散热后，再反向经车内蒸发器再散热成为中低温的制冷剂，经膨胀阀进入车外冷凝器变为极低温的气态制冷剂，从车外空气吸热，再重回电动压缩机。

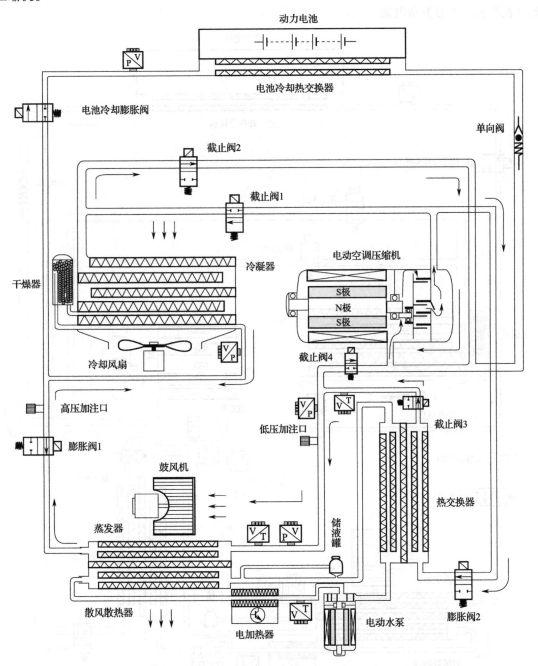

图 10-11 加热模式

在电动压缩机出来的制冷剂流过热泵换热器散热后这个过程中，制冷剂将热量通过热交换器传递到暖风加热回路的冷却液，从而将热量经暖风散热器传递到车内。

（3）混合模式

如图 10-12 所示，热泵在混合模式时，打开制冷剂截止阀 1、3 和 4，关闭制冷剂截止阀 2，制冷剂不能反向流动。高温高压制冷剂分流，一方面经冷凝器散热后，冷却动力电池，并通过冷却蒸发器实现乘员舱除湿，另一路高温高压制冷剂在热泵换热器散热。当车外光线强时，不必从空调出风口吹冷气，这是带热泵空调系统的另一个优点。如果要加热脚部空间，使用热泵换热器，不必浪费电能。

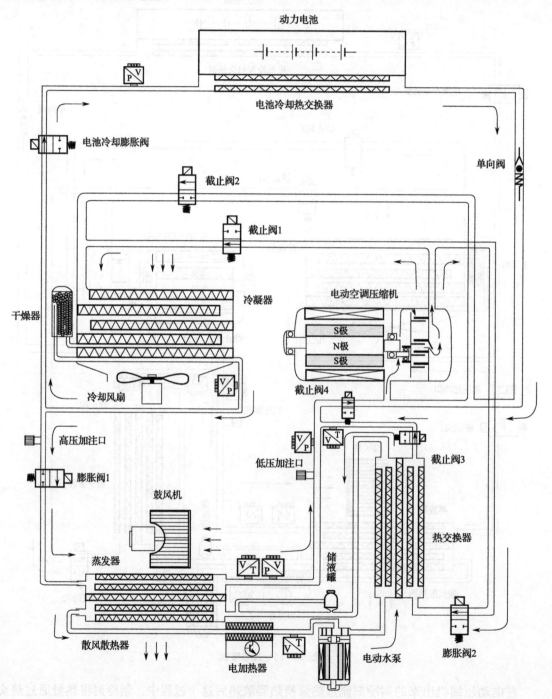

图 10-12 混合模式

三 补气增焓直接式热泵空调

1. 焓的定义

如图 10-13 所示,魔法师想要从无到有地在桌子上创造出一只兔子的话,魔法师不仅要付出制造兔子的能量 U,也要付出将兔子放在桌子上排开周围空气放置兔子空间所做的功 pV,魔法师需要付出的能量 H(焓)$=U+pV$。

图 10-13 焓的定义

焓的定义是:$H=U+pV$ 其中 H 表示焓,U 表示内能。内能来自于热能,并以分子不规则运动为依据。焓由系统温度的提高而成比例增大,在绝对零度(-273℃)时为零点能量。在这里体积功直接视为对压强(p)引起体系体积(V)变化 ΔV 而形成的功。

所谓补气增焓是指压缩机采用两级节流中间喷气技术,采用闪蒸器进行气液分离,实现增焓效果。它通过中低压时边压缩边喷气混合冷却,然后高压时正常压缩,提高压缩机排气量,达到低温环境下提升制热能力的目的。

> **技术指导** 　　　　　　　　**闪蒸器的原理**
>
> 　　闪蒸的原理是利用高压的饱和液体进入比较低压的容器中后,由于压力的突然降低,使这些饱和液体变成容器压力下的饱和蒸气和饱和液。
>
> 　　目前,生活中的很多管道系统都利用了闪蒸原理,闪蒸是一种非常快速的转变过程,方法是当流体流经局部收缩的流通面积的调节阀时产生局部阻力,使得流体的压力和速度发生一定的变化。同时,当压力为 $p1$ 的流体流经节流孔时,流速突然急剧增加,静压骤然下降;当孔后压力 $p2$ 在达到该流体所在情况下的饱和蒸气压力 pV 前,部分流体汽化成气体,产生的气泡形成气液两相共存现象,称为闪蒸阶段,可见它是一种系统现象。
>
> 　　如果管道系统上使用了闪蒸原理,对于调节阀是有一定的破坏,能够做到的就是防止闪蒸对调节阀的破坏,这样管道系统才能够更好地运行。

2. 系统工作原理

最典型案例就是丰田普锐斯,具体原理如图 10-14 所示。

补气增焓技术的压缩机多了一个吸气口,通过产生蒸气来冷却主循环的制冷剂,蒸气从第二个吸气口进入压缩机,其压缩过程被补气过程分割成两段,变为准二级压缩过程。补气降低排气温度,同时降低其排气过热度,减少冷凝器的气相换热区的长度,增加两相换热面积,提高冷凝器的换热效率,当蒸发温度和冷凝温度相差越大会产生越好的效果,因此在低温环境下效果更明显。

中间补气涡旋压缩机即在压缩机压缩中间腔补充中压气体,增加排气量,降低排气温度,提升制热能力,使热泵空调器在低环境温度也能提供足够的制热能力。同时,补气通道的开启和关闭可以作为一种容量卸载调节的辅助手段。

(1)不补气增焓时的工作原理

不补气增焓时的工作原理如图 10-14 所示,截止阀 3 通电,制冷剂经截止阀 3 直接去冷凝器。

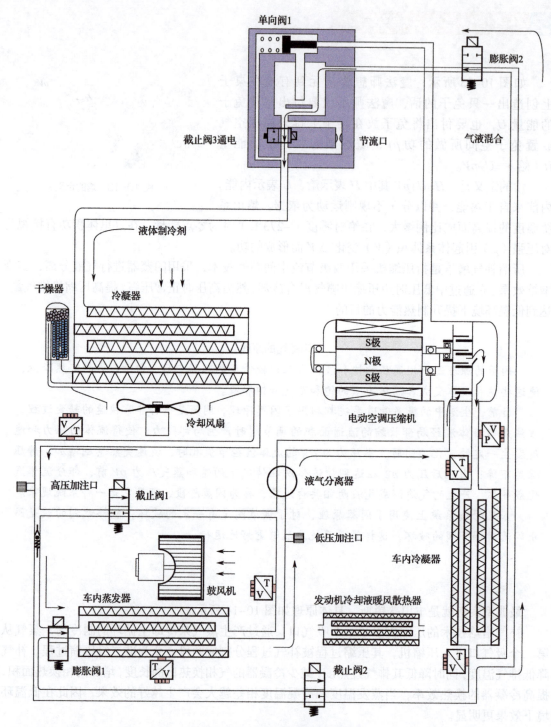

图 10-14 不补气增焓时工作原理

（2）补气增焓时的工作原理

补气增焓时的工作原理如图 10-15 所示，截止阀 3 断电后，制冷剂经节流口去车外冷凝器，一部分经单向阀 1 回流至电动压缩机入口，电动压缩机被回气填满，增加压缩机从液气分离器吸进制冷剂的压缩能力。从而在车外冷凝器蒸发时形成更低温的气体，从车外空气吸收更多的热量。

项目十 电动汽车空调原理与故障诊断

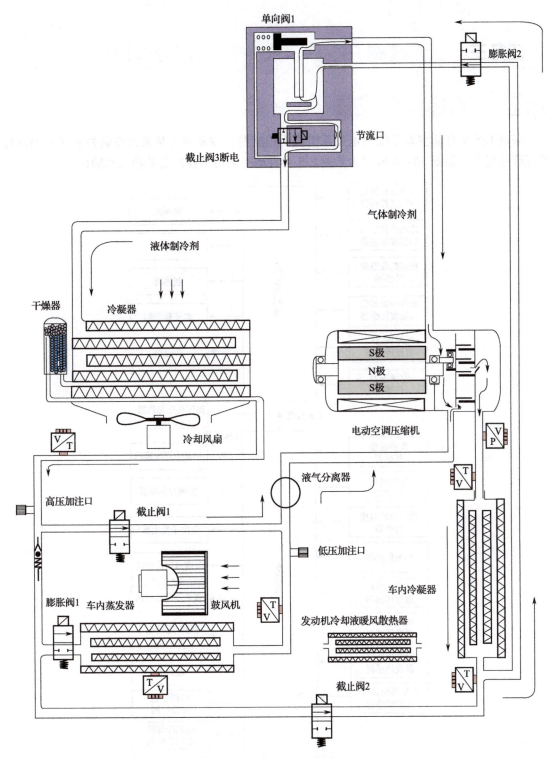

图 10-15 补气增焓时工作原理

单向阀 1 的一个作用是防止压缩机在停机的瞬间发生反转;另一方面也是比较重要的方面,是为了减少压缩机的余隙容积,在不补气状态下补气管路相当于余隙容积,这势必会降低压缩机的容积效率,因此单向阀 1 要靠近压缩机补气口安装,以减少这部分余隙。

任务三　上汽荣威 Ei5 热泵式空调原理与故障诊断

一　荣威 Ei5 热泵式空调简介

荣威 Ei5 半自动空调系统的电控系组成由传感器、控制器（热泵及空调控制器）和执行器三部分组成。如图 10-16 所示为荣威 Ei5 半自动空调两个控制器的输入和输出。

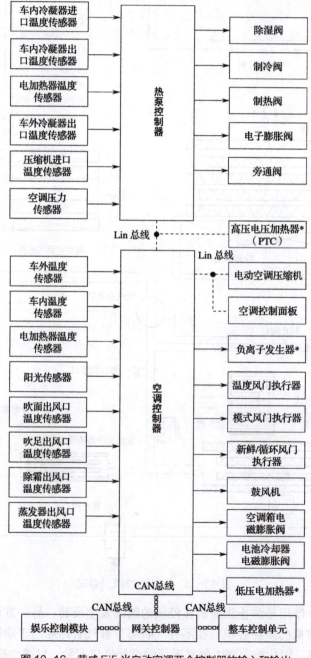

图 10-16　荣威 Ei5 半自动空调两个控制器的输入和输出

1. 热泵控制器的传感器和执行器

（1）传感器

传感器包括车内冷凝器的进口温度传感器、车内冷凝器的出口温度传感器、电加热器温度传感器、车外冷凝器的出口温度传感器、压缩机进口温度传感器、空调压力传感器。

（2）执行器

执行器包括除湿阀、制冷阀（常开阀）、制热阀、电子膨胀阀、旁通阀（常开阀）以及高压电加热器(PTC加热)。

2. 自动空调控制器的传感器和执行器

（1）传感器

传感器包括车外温度传感器、车内温度传感器、阳光强度传感器、除霜出风口温度传感器、中央出风口温度传感器、脚下侧出风口温度传感器、蒸发器温度传感器。

（2）执行器

执行器包括电动空调压缩机、负离子发生器、温度风门执行器、模式风门执行器、内外循环风门执行器、鼓风机、空调箱电磁膨胀阀、电池冷却器电磁膨胀阀和低压电加热器。

荣威 Ei5 热泵式空调的类型为直接热泵式空调，蒸发箱内增加了车内冷凝器和 PTC 加热器，在高压管路增加了制热用的电子膨胀阀和制冷用的旁通阀；高压管路增加制冷阀和制热阀；蒸发器机械膨胀阀上安装常开的电磁阀。

二、荣威 EI5 的全车网络

从荣威 Ei5 的全车网络（图 10-17）可见，自动空调控制器（HVAC）的数据信息可以通过诊断仪连接到 OBD 随车自诊断接口上，通过网关来传递信息。

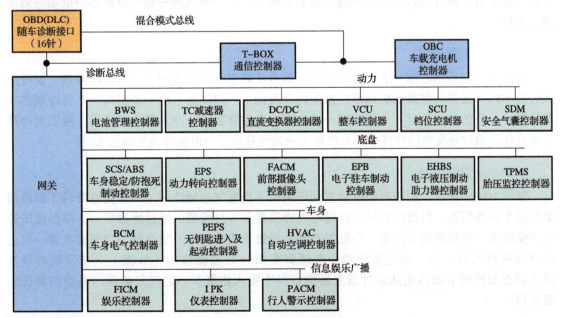

图 10-17　荣威 Ei5 的全车网络

三、工作过程

荣威 Ei5 的工作过程可分为制冷、制热、制冷除湿、制热除湿、除雾、电加热 6 个工作模式，其中制冷、制热、制冷除湿、制热除湿时电磁阀的工作模式见表 10-1。

表 10-1 电磁阀工作模式

工况	制冷阀	制热阀	除湿阀	蒸发箱电子膨胀阀	冷旁通阀	制热膨胀阀	电池冷却膨胀阀
不通电	流通	截止	截止	流通	流通	流通	截止
制冷工况	流通	截止	截止	流通	流通	流通	电池温度
制热工况	截止	流通	截止	截止	截止	PWM	电池温度
制冷除湿	流通	截止	截止	流通	截止	PWM	电池温度
制热除湿	截止	流通	流通	流通	截止	PWM	电池温度

1. 制冷过程

如图 10-18 所示，制冷剂经电动空调压缩机（高温气态制冷剂）→车内冷凝器（制冷剂虽经过车内冷凝器，但鼓风机风不经过车内冷凝器）→低压管制冷用旁通阀→冷凝器兼蒸发器（高温气态制冷剂散热成液态）→制冷阀→制冷用超冷的冷凝器（进一步对制冷剂降温）→单向阀→蒸发器电子膨胀阀→H 型膨胀阀（节流）→蒸发箱内蒸发器（液态制冷剂节流汽化从通过蒸发器的空气中吸入热量）→油气分离器→电动空调压缩机入口。

2. 制热过程

如图 10-19 所示，制冷剂经电动空调压缩机（高温气态制冷剂）→车内冷凝器（制冷剂经过车内冷凝器散热，鼓风机风经过车内冷凝器）→低压管制热用电子膨胀阀→冷凝器兼蒸发器（低温液态制冷剂汽化成比环境温度更低的汽态）→制热阀→油气分离器→电动空调压缩机入口。

3. 制冷除温湿过程

如图 10-20 所示，制冷剂经电动空调压缩机（高温气态制冷剂）→车内冷凝器（制冷剂虽经过车内冷凝器，但鼓风机风不经过车内冷凝器）→过滤器→电子膨胀阀→车外冷凝器兼蒸发器（车外的热交换器）→制冷阀→单向阀→电磁膨胀阀→蒸发箱内蒸发器（液态制冷剂节流汽化从通过蒸发器的空气中吸入热量）→油气分离器→电动空调压缩机入口。

4. 制热除温湿过程

如图 10-21 所示，制冷剂经电动空调压缩机（高温气态制冷剂）→车内冷凝器（制冷剂虽经过车内冷凝器，但鼓风机风不经过车内冷凝器）→过滤器。经过滤器后，一路经低压管电子膨胀阀→冷凝器兼蒸发器（高温气态制冷剂散热成液态）→制热阀→油气分离器→电动空调压缩机入口；另一路经除湿阀→电磁膨胀阀→H 型膨胀阀（节流）→蒸发箱内蒸发器（液态制冷剂节流汽化从通过蒸发器的空气中吸入热量）→油气分离器→电动空调压缩机入口。

项目十 电动汽车空调原理与故障诊断

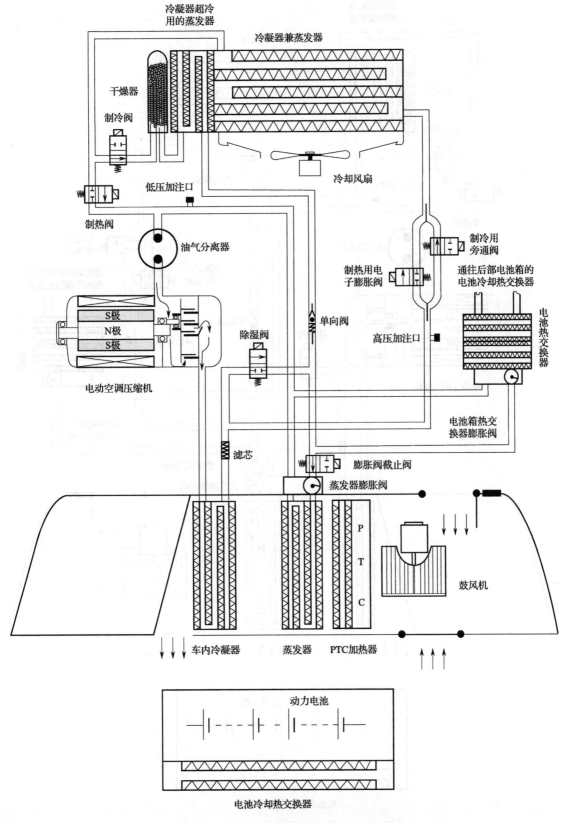

图 10-18 荣威 Ei5 空调的制冷过程工作原理

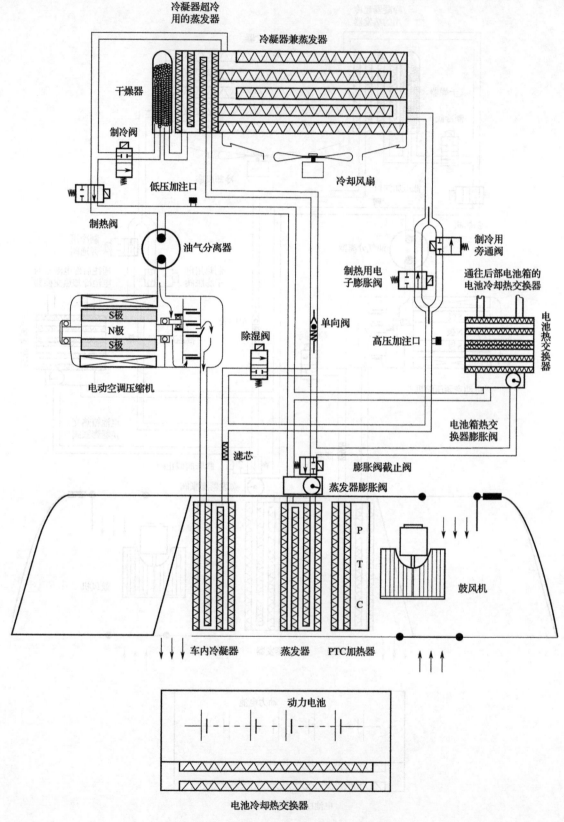

图 10-19 荣威 Ei5 空调的制热过程工作原理

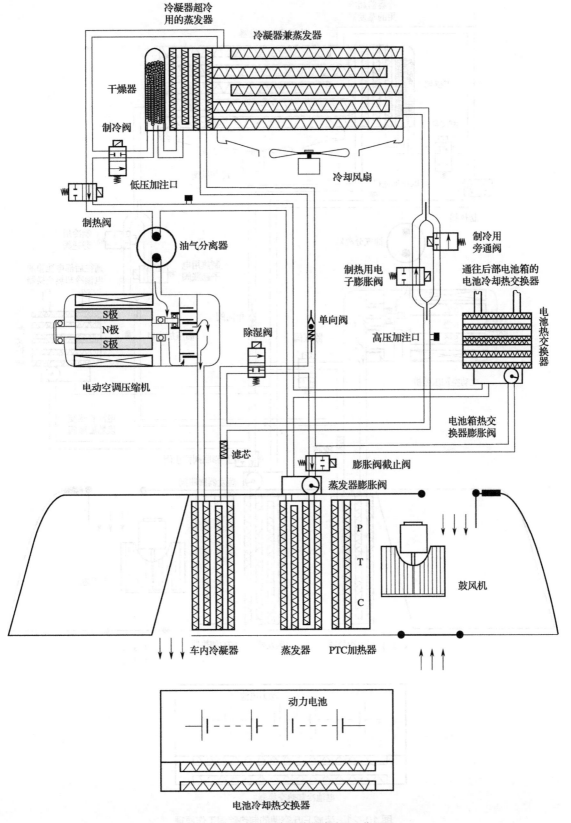

图 10-20 荣威 Ei5 空调的制冷除湿工作原理

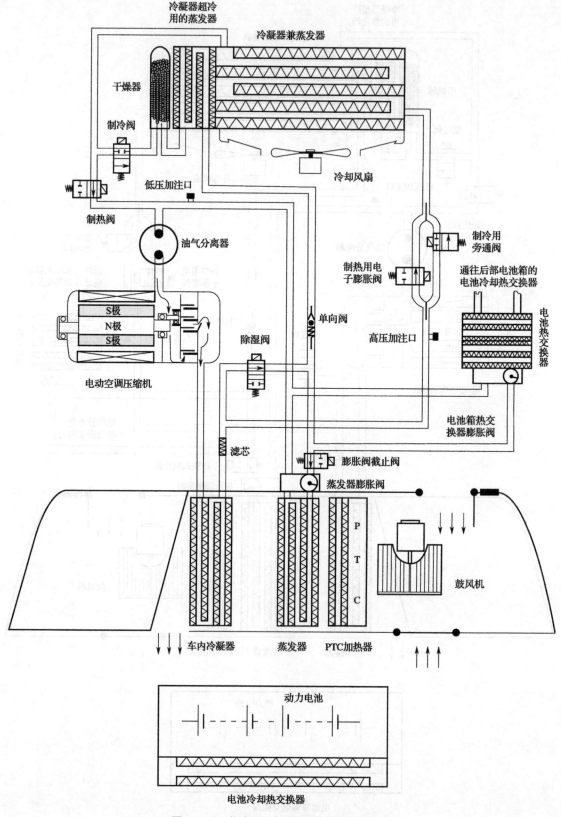

图 10-21 荣威 Ei5 空调的制热除湿工作原理

5. 除霜过程

如图 10-22 所示,制冷剂经电动空调压缩机(高温气态制冷剂)→车内冷凝器(制冷剂经过车内冷凝器散热,鼓风机风经过车内冷凝器)→低压管制热用电子膨胀阀→冷凝器兼蒸发器(低温液态制冷剂汽化成比环境温度更低的汽态)→制热阀→油气分离器→电动空调压缩机入口。其本质是用制热过程除霜,差别在于出风口选择吹前风窗。

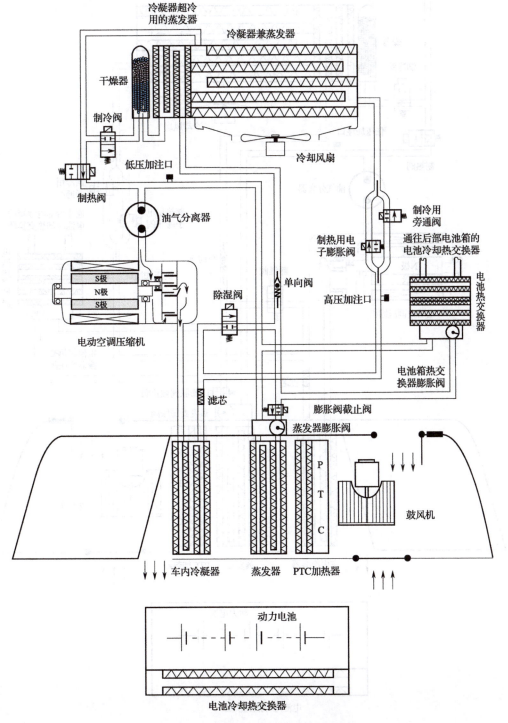

图 10-22 荣威 Ei5 空调的除霜工作原理

6. 电加热过程

如图 10-23 所示,蒸发箱内的 PTC 加热器通电工作生热,鼓风机吹过的空气经过 PTC 加热器。

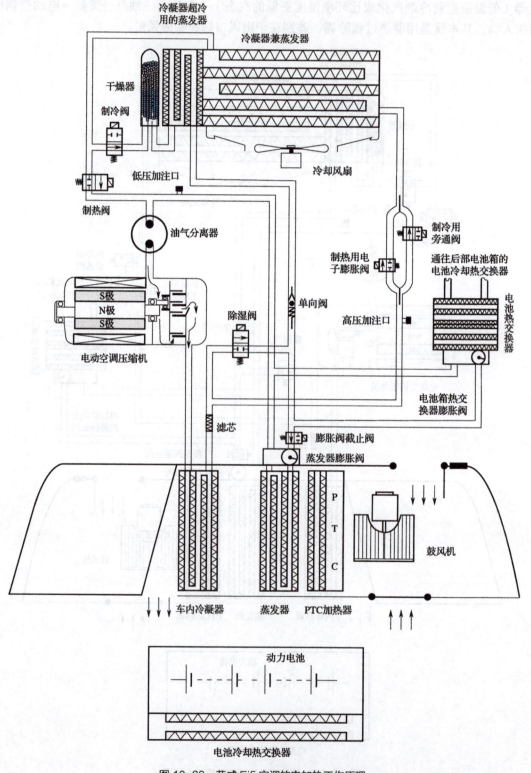

图 10-23 荣威 Ei5 空调的电加热工作原理

7. 电池制冷过程

当电池温度超过 85℃ 时，车辆空调自动启动，电磁阀通电，电池冷却器电磁膨胀阀节流减压，汽化吸收冷却液中热量。电磁阀若卡滞在常开状态，将造成制冷不良。

荣威 Ei5 空调系统低压管上的除湿阀、高压管路上的制冷旁通阀、低压管路上的制热阀电阻都为 12Ω。高压管步进电机式制热用电子膨胀阀的四个线圈电阻相等，电阻为 21Ω。

空调压力传感器信号电压在 0.2~4.8V 之间，制冷剂压力越高，输出电压越高。在环境温度在 10℃ 以上时，空调制冷剂压力低于 0.14MPa 时控制压缩机不工作；在高于 0.2MPa 时，控制压缩机重启工作；中间压力状态时保持前一个状态。空调压力在 0.2~2.6MPa 之间时，控制压缩机正常工作；当压力大于 3.14MPa，控制压缩机停止工作，直至压力降至 2.6MPa 以下再正常工作。

四 平衡压力及工作压力

1. 平衡压力

平衡压力是指空调在一定温度下，空调经历一定时间不工作后，高压管路和低压管路压力平衡时的压力，此压力反映制冷剂加入量是否正确。表 10-2 所列为空调系统平衡压力，可见压力数据变化与传统空调基本相同。

表 10-2　空调系统平衡压力

环境温度 /℃	压力单位 /kPa	环境温度 /℃	压力单位 /kPa	环境温度 /℃	压力单位 /kPa
−9	106	16	392	47	1114
−8	115	18	438	48	1149
−7	124	21	487	49	1185
−6	134	24	540	50	1222
−4	144	27	609	51	1260
−3	155	30	655	52	1298
−2	166	32	718	53	1337
−1	177	35	786	54	1377
0	188	38	857	57	1481
1	200	39	887	60	1590
2	212	40	917	63	1704
3	225	41	948	66	1823
4	238	42	980	68	1948
7	272	43	1012	71	2079
10	310	44	1045	74	2215
13	350	46	1079	77	2358

2. 工作压力

工作压力是指空调在一定温度下运行工作，高压管路和低压管路各自的压力，低压和高压数值可以反映更多信息。表 10-3 所列为空调工作时压力数值，可见压力数据变化与传统空调也基本相同。

表 10-3　空调工作压力数值

环境温度 /℃（车外空气）	低压侧压力单位 /MPa	高压侧压力单位 /MPa
15.5	0.09~0.12	0.84~1.19
21.1	0.09~0.14	1.05~1.75
26.6	0.09~0.17	1.26~1.93
32.2	0.12~0.21	1.40~2.18
37.7	0.15~0.24	1.64~2.30
43.3	0.19~0.26	1.89~2.53

五　故障码

荣威 Ei5 空调系统的故障码（DTC）见表 10-4，表中同一故障码可通过故障类型码（FTB，Fault Type Byte）进一步细分是对地短路，还是对正极短路或断路。

表 10-4　荣威 Ei5 空调系统故障码

DTC	FTB	描述	故障等级
B13B0	87	LIN 节点丢失 – 热泵	3
B13C0	17	高压电加热器（PTC）低压电压过高	4
B13C1	96	高压电加热器（PTC）低压传感器故障	4
B13C2	16	高压电加热器（PTC）低压电压过低	4
B13C3	96	高压电加热器（PTC）PCB 温度传感器故障	4
B13C4	4B	高压电加热器（PTC）PCB 温度过高	4
B13C5	87	热泵请求超时故障	4
B13C6	17	高压电加热器（PTC）高压电压过高	4
B1400	11	车内冷凝器进口温度传感器短路	3
B1400	13	车内冷凝器进口温度传感器开路	3
B1401	11	车内冷凝器出口温度传感器短路	3
B1401	13	车内冷凝器出口温度传感器开路	3
B1402	11	压缩机进口温度传感器短路	3
B1402	13	压缩机进口温度传感器开路	3
B1403	11	车外冷凝器出口温度传感器短路	3
B1403	13	车外冷凝器出口温度传感器开路	3
B1405	11	高压电加热器（PTC）驾驶员侧温度传感器短路	3
B1405	13	高压电加热器（PTC）驾驶员侧温度传感器开路	3
B1411	11	环境温度传感器对地短路	3
B1411	15	环境温度传感器对正短路或开路	3
B1411	1C	环境温度传感器读数超出范围	3

（续）

DTC	FTB	描述	故障等级
B1412	11	集成光热温度传感器对地短路	3
B1412	15	集成光热温度传感器对电源短路/开路	3
B1414	11	前左吹面出风口温度传感器对地短路	3
B1414	15	前左吹面出风口温度传感器对正短路或开路	3
B1416	11	左前吹脚出风口温度传感器对地短路	3
B1416	15	左前吹脚出风口温度传感器对正短路或开路	3
B1419	11	蒸发器温度传感器对地短路	3
B1419	15	蒸发器温度传感器对正短路或开路	3
B1422	11	左侧阳光传感器对地短路	3
B1422	15	左侧阳光传感器对正短路或开路	3
B1423	11	集成光热温度参考传感器对地短路	3
B1423	15	集成光热温度参考传感器对电源短路/开路	3
B1424	11	集成光热阳光传感器对地短路	3
B1424	15	集成光热阳光传感器对电源短路/开路	3
B1431	11	新鲜/循环风门执行器控制电路地地短路	3

六 数据流

将诊断仪连接到随车自诊断插座（OBD的16针插座），进入空调系统读取数据（表10-5）可以分析故障产生的原因。通过分析数据可快速查出如开关接触不良、制冷剂加注过多、制冷剂加注过少、执行器电机不动作等故障。

表 10-5　荣威 Ei5 空调系统动态数据

项目	数值	单位
蓄电池电压	14.0	V
设定的温度	17.0	℃
前右温度风门执行器电压 – 起始位置	0.588	V
前右温度风门执行器电压 – 末端位置	4.667	V
前右温度风门执行器电压 – 当前位置	4.667	V
前左温度风门执行器电压 – 起始位置	0.451	V
前左温度风门执行器电压 – 末端位置	4.706	V
前左温度风门执行器电压 – 当前位置	1.353	V
新鲜/循环风门执行器电压 – 起始位置	1.431	V
新鲜/循环风门执行器电压 – 末端位置	3.627	V
新鲜/循环风门执行器电压 – 当前位置	3.039	V
车外温度传感器电压	1.442	V

(续)

项目	数值	单位
蒸发器温度传感器电压	3.128	V
前左吹面出风温度传感器温度	11.8	℃
前左吹足出风温度传感器温度	12.8	℃
左侧阳光传感器	此处为空	W/m²
ECM 的压力传感器信号	938	kPa
车外温度传感器温度	26.8	℃
电加热器（PTC）温度	此处为空	℃
空调面板循环指示灯	外循环	
空调 A/C 按键操作	无请求	
空调后风窗加热按键操作	无请求	
空调前鼓风机风速请求	鼓风机等级 2 级	
空调内循环模式按键操作	无请求	
空调系统开/关按键操作	无请求	
空调驾驶员侧温度请求	17.0	℃
空调驾驶员侧模式请求	无指令空气分配模式	
空调除霜模式按键请求	无请求	
空调自动模式按键操作	无请求	
SCS 的车速信号	0.000	km/h
电动压缩机目标转速	4000	r/min
电动压缩机驱动请求	压缩机打开	
乘员舱膨胀阀状态	关	
电池冷却器膨胀阀状态	关	
电加热器继电器 1 状态/后风窗加热继电器状态	关	
电加热器继电器 2 状态	关	
离子发生器请求	此处为空	
A/C 指示灯请求	开	
AUTO 指示灯请求	关	
系统开关指示灯请求	开	
后风窗加热指示灯请求	关	
冷却风驱动电路状态	开	
空调实际的制热功率	0.00	kW
空调压力	1050	kPa
外界环境温度	26	℃
空调压缩机实际功率	0.33	kW
空调压缩机请求状态	1 级	

七 空调控制模块升级

在实际工作中会遇到更换控制单元、控制单元软件升级、更换风门执行器或蒸发箱总成以及在修理过程中造成风门位置变动的情况,这几种维修情形对应的操作路径见表10-6。

表10-6 荣威Ei5空调维修的几种情形与操作路径

空调维修情形	操作路径
更换控制单元	SIPS编程与编码–HVAC–更换
控制单元软件升级	SIPS编程与编码–HVAC–刷新
控制单元软配置	SIPS编程与编码–HVAC–配置
更换任意带反馈信号的执行器或更换空调蒸发箱总成	VDS快速通道–学习值调整–空调风门执行器自学习
拆装过程中涉及风门位置变动	VDS快速通道–学习值调整–空调风门执行器自学习

任务四 空调数据分析及压缩机拆装

一 吉利空调数据分析

1. 空调数据界面

在图10-24所示空调数据中,温度数据是以电阻形式体现的;加热芯体也称PTC加热器,内置有温度传感器。

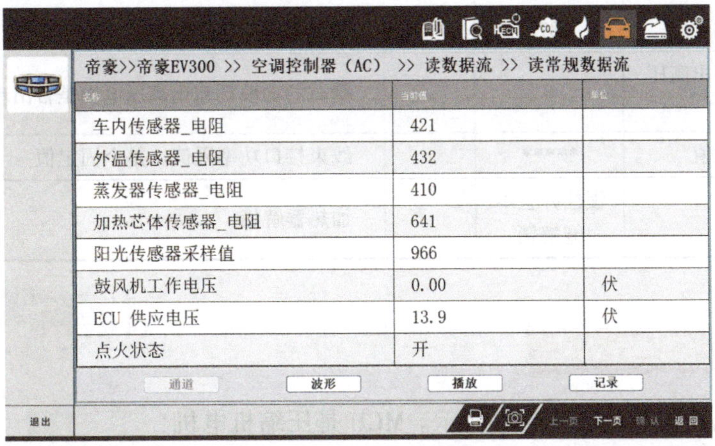

图10-24 空调数据

▶ **注意**:PTC加热器只是一个带有ECU的执行器,PTC控制器可以是CAN总线或LIN总线上的一个节点。

2. 空调数据说明

电动空调系统数据说明见表10-7。

表 10-7　电动空调系统数据说明

名称	当前值	单位	解析说明
LCD 背光占空比	0	%	LCD 背光占空比，占空比大，亮度高
指示灯背光占空比	100	%	指示灯背光占空比，占空比大，亮度高
车内传感器 – 电阻	444	Ω	车内传感器 – 电阻值（不是温度值）
外温传感器 – 电阻	488	Ω	外温传感器 – 电阻（不是温度值）
蒸发器传感器 – 电阻	425	Ω	蒸发器传感器 – 电阻（不是温度值）
加热芯体传感器 – 电阻	650	Ω	加热芯体传感器 – 电阻（不是温度值）
阳光传感器采样值	968	Ω	阳光传感器采样值（不是温度值）
鼓风机工作电压	0.00	V	鼓风机转速高时，工作电压高
ECU 供应电压	13.9	V	ECU 供应电压
点火状态	开		点开关状态
左侧混合风门电机	918		选择是蒸发箱，还是暖风散热器风通过的风门电机开度反馈值
吹风模式电机	91		吹风窗、吹脸、吹脚风模式电机风门位置传感器开度反馈值
高压电加热器状态	永久惯性		高压电加热器状态
高压测量电压	587000	mV	
高压电流消耗总览	0	mA	PTC 或电动压缩机高压消耗的电流
冷却液入口温度	2676	℃	冷却液入口温度传感器电阻值（不是温度值）
冷却液出口温度	2679	℃	冷却液出口温度传感器电阻值（不是温度值）
低压电源	13900	mV	空调 ECU 供电电源
加热器核心层温度	2879		加热器核心层电阻值
瞬时的功率耗超出高压电网	0		瞬时的功率耗超出高压电网是否出现过
线束接口功率限值	*****		线束接口功率限值，是个固定值
加热器解锁	锁住并且不能解锁		加热器解锁

二　比亚迪空调数据分析

电动压缩机数据流如图 10-25 所示。MCU 是压缩机电机控制单元（Motor Control Unit）的缩写；负载电压指压缩机变频器逆变桥的直流供电电压。

图 10-26 所示记录的是电动压缩机的 MCU 在有故障码的情况下，带故障重启的次数。带故障若能重启成功说明变频器变频功能的硬件没问题。

图 10-27 所示为 PTC 诊断仪进入界面。

图 10-28 所示为 PTC 加热数据，此数据观察需要将温度

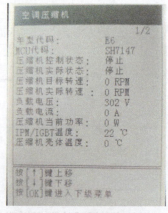

图 10-25　电动压缩机数据流

设定在最高温度，温度有异常，比如过热或不热都是故障。

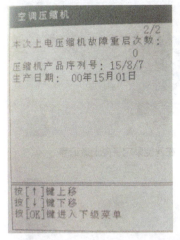
图 10-26 电动压缩机数据流记录

图 10-27 PTC 诊断仪进入界面

图 10-28 PTC 加热数据

三 电动压缩机拆装关键步骤

电动涡旋压缩机的拆装过程往往是容易拆，却很难装上。究其原因是没有在拆的过程中使用记号，下面提供了一个做关键步骤记号的实例。

如图 10-29 所示，将电动压缩机放置在两橡胶座之间，在电动涡轮泵高、低腔外壳做记号。

如图 10-30 所示，拆下电动涡轮泵高、低腔外壳螺栓，本处螺栓在装配时均应拧紧，防止制冷剂泄漏。

图 10-29 在电动涡轮泵高、低腔外壳做记号

图 10-30 拆下电动涡轮泵高、低腔外壳螺栓

拆下电动涡轮泵高、低腔外壳，如图 10-31 所示。注意检查内部是否有铝磨料或大量的黑色油泥出现，若有，则要检查压缩机的工作压力是否合格。

如图 10-32 所示，在涡旋泵定子壳上做记号，防止安装错位。做记号这个步骤非常关键，影响到是否能顺利安装。

如图 10-33 所示，取出定子叶片时注意不要连同晃子一起取出，若已经一同取出，应及时找到晃子叶片端部在壳体上的对应位置。

如图 10-34 所示，取出晃子叶片前，在壳上给晃子叶片端做防错位记号，做记号这个步骤非常关键，影响到是否能顺利安装。在装配时按上述步骤逆序安装。

图 10-31　拆下电动涡轮泵高、低腔外壳

图 10-32　在涡旋泵定子壳上做记号

图 10-33　取出定子叶片

图 10-34　在壳上给晃子叶片端做防错位记号

复习题

1. 填空题

（1）电动汽车制冷通常采用_____式空调制冷。

（2）电动汽车制热通常采用_____式空调加热。

2. 判断题

（1）热泵式空调的效率低于 100%。　　　　　　　　　　　　　　　　　　　　（　　）

（2）在 –10~40℃ 的环境温度下，热泵式空调效率高。　　　　　　　　　　　　（　　）

3. 简答题

（1）简述热泵式空调制冷的工作原理。

（2）热泵式空调制冷的效率为什么高？

（3）电动汽车空调压缩机能用传统汽车的冷冻机油吗？为什么？

项目十一
减速器原理与故障诊断

情境引入

小林的同学说他在踩制动踏板挂档后,踩加速踏板时发现电动汽车无法行驶。小林问他是否解除了驻车制动,他回答解除了。这是一款前轮驱动车型,希望小林能给他的同学提供一些处理办法,以及判断是否需要去4S店进行维修。

学习目标

1. 能画出纯电动汽车减速器的结构图。
2. 能画出线控驻车档示意图,并能说明其工作原理。
3. 能排除电动汽车驻车档无法解除故障。

任务一 电动汽车传动系统结构认知

一 纯电动汽车传动系统结构形式

采用不同的电力驱动系统可构成不同结构形式的电动汽车,下面介绍一下几种不同结构的驱动形式。

（1）电机横置前驱结构

在传统发动机横置前驱的燃油汽车上把发动机换为电机,将变速器换为多级主减速器,并将这个多级主减速器和差速器集成为一个整体,两根半轴连接驱动车轮,这种结构在电动轿车上应用最普遍。

（2）电机纵置后驱结构

电机后采用固定速比的减速器,由电机、固定速比的减速器和差速器组成电力驱动系统,没有离合器和可选的变速档位,转矩大小由逆变器控制输出,这种结构在电动客车和货车上应用最普遍。

（3）双电机结构

采用两个电机通过固定速比的减速器分别驱动两个车轮,每个电机的转速可以独立调节,可实现车轮电子差速,不必安装差速器。

（4）高速轮毂电机结构

采用高转速电机驱动行星齿轮机构中的太阳轮，内齿圈固定，行星架减速输出。

（5）低速轮毂电机结构

采用低速外转子电机，取消行星齿轮机构减速，电机的外转子直接安装在车轮上。

由于电机转矩大，在小型、中型货车和轿车上取消了变速器，减速机构只有主减速器。

以上介绍的电机横置前驱结构和电机纵置后驱结构是实际应用最广的结构，后三种是很少能见到的电动汽车结构。

二、小型、中型货车

在中小型货车（客车）上，主减速器多为两级式主减速器，主减速器的总传动比是两级传动比的乘积。单电机时差速器仍是必要的部件。

由于电机低速转矩大、工作转速范围宽的特点，倒车只需电机反转即可。因此，变速器的前进档（D位）和倒档（R位）只是电机正转和反转的控制信号。

三、乘用车

图11-1所示为轿车电力驱动系统。它把电机、减速器、差速器和功率逆变器集成在一起，外部只有强电、弱电线束和冷却液管。

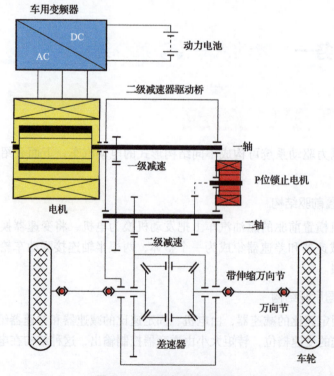

图11-1 轿车电力驱动系统

若采用前后轴各一台电机，这样的动力驱动系统就是很好的四轮驱动形式。

四 客货车

在本节中将大型的客车和货车统称为客货车。

1. 客货车使用变速器的必要性

电机拥有很宽的工作转速范围，但和发动机一样，电机也有最佳工作转速区间，高于或低于这一区间效率就会下降。

（1）无变速器的电机效率

一台 40kW 电机在刚起动时效率仅有 60%~70%。随着速度提高效率逐步提高，在 3300~6000r/min 区间，效率能够达到 94% 以上。而在接近极限转速 10000r/min 时，效率又降到 70% 左右。可以看出，合理利用变速器，让电机工作在最佳转速区，对于提高效率十分有意义。

（2）无级变速器的效率

电动汽车若采用无级变速器会比使用固定速比减速器的能耗降低 5%~7%，噪声也减小很多。

（3）客货车是否采用变速器

轿车变速器取消了，客货车变速器结构则简化了。在客货车上，无变速器时，电机低速电流大，最高车速低，噪声大，耗电量过大；采用固定速比输出，不能充分随路况变化改变转矩，结果造成对电机、蓄电池及控制器的严重破坏。因此，客货车仍要采用变速器。

（4）客货车采用二档或三档的变速器

在电动客货车上配装变速器（图 11-2），主要是为解决电机驱动力不足的问题。装变速器可以改变电机转矩，提升电机动力。纯电动客货车配装的变速器相比燃油车型上的变速器结构大大简化，变速器档数由传统的多档简化成二档或三档的变速器，电机和变速器之间可配有离合器，也可不配离合器。

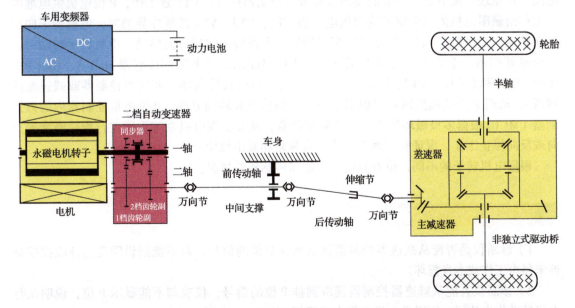

图 11-2 纯电动客货车变速器结构

2. 无同步器 AMT 应用

传统变速器换档条件是要有离合器切断动力，同步器使从动齿轮和主动齿轮同步。新的设计理念是在无离合器条件下要实现自动换档，同步器无法实现同步，为此设计出电机主动调速适应从动齿轮转速的自动换档变速器。

电机调速齿轮同步的自动换档的工作原理是自动变速器 ECU 接收变速器输出轴转速传感器信号，同时也接收电机转速信号；在换档前，先调节电机转速至从动齿轮的转速，然后采用电控气动、液动或电动三种装置之一推动拨叉；由于主从动齿轮的转速相等，拨叉推动接合套直接挂入相应的主动齿轮。

任务二　减速器原理与故障诊断

一 减速器

几乎所有电动乘用车都采用了两级减速齿轮的减速器（没有变速器），减速器内的可控制装置只有 P 位驻车锁止和解除。

二 P 位电机控制器

P 位电机控制器也称变速器控制器（TCM）或减速器控制器。

P 位电机控制器实现的功能如下：接收驾驶员按下 P 位开关的信号，同时结合车速是否降到可以锁止驱动轮；若两个条件都满足则通过电机执行相应的锁止驱动轮的操作。

P 位电机控制器电路如图 11-3 所示。

P 位锁止用电机通常采用开关磁阻式电机，定子线圈采用 12 极，转子硅钢片采用 8 极。电路工作原理：按下 P 位开关的接地信号被微控制器接收，VT1 管工作，P 位电机供电继电器工作给磁阻电机的三个定子线圈供电。当 VT2、VT3、VT4 按顺序导通时，电机转子向正方向转动；当 VT4、VT3、VT2 按顺序导通时，电机转子向反方向转动。电机转子转动时，多极磁环扫描三个霍尔传感器 Hall A、Hall B、HallC，三个霍尔传感器 Hall A、Hall B、HallC 分别驱动 VT6、VT7、VT8 三个开关管给 P 位电机控制器（变速器控制器或减速器控制器），从而 P 位电机控制器可识别电机转子的转速和转动方向。P 位电机控制器内的微控制器（MCU）根据多极磁环反馈转动的磁极位数，从而实现电机在工作固定行程后能准确正向或反向停止工作，保证驻车棘爪准确切入棘轮和脱出棘轮。

根据电机转子的不同，也有只用两个霍尔传感器的情况。

三 驻车档无法解除故障的排除

1）诊断仪是否能从减速器控制器读取到挂 P 位的信号，若不能则说明变速杆线控控制器未供电工作或本身损坏。

2）诊断仪若能从减速器控制器读取到挂 P 位的信号，仪表却不能显示 P 位，说明执行电机的动作未执行，原因是电机未供电或损坏。

项目十一 减速器原理与故障诊断

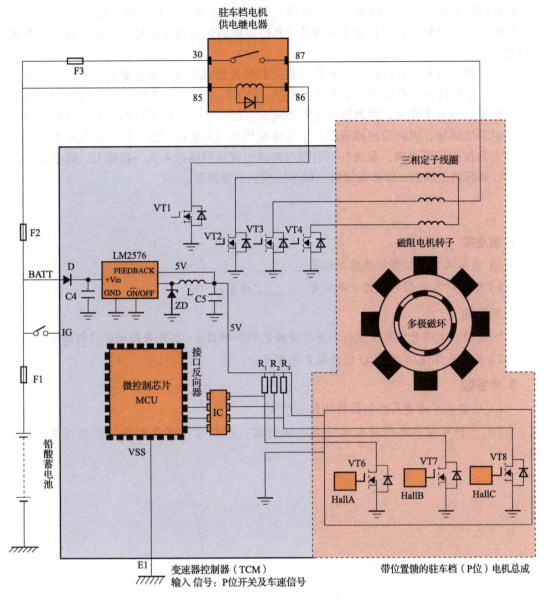

图 11-3 P 位电机控制电路

一个案例：仪表中一个齿轮形状、中间带有叹号的红色灯亮起（图 11-4），同时 P 位无法解除。

图 11-4 P 位控制器故障灯点亮（车速表中红色带叹号的齿轮）

红色齿轮形状灯点亮意味着P位控制器（变速器控制单元）检测到了故障。

诊断仪连接车辆，诊断仪显示故障为"P位电机的位置错误信号"。该故障将使车辆无法行驶。

初步认定为带有位置传感器的P位电机内的位置传感器损坏或新更换的P档电机未进行基本设定。诊断仪也没有相应的基本设定程序，问了厂家，厂家说此电机就不需要基本设定。为保险起见，检查了线束，发现没有连接不良的问题。于是向厂家订购了P位电机总成，几天后电机总成到货，更换后故障依旧。于是怀疑仍是线束连接问题，但不是线束本身问题，仔细检查P位控制器引脚，发现有一引脚与其他引脚排列略微不在一条线上。经手动修正引脚位置，重新插上线束，清除故障码，试车后确认故障排除。

复习题

1. 填空题

（1）电动汽车P位控制器的功能是_____。

（2）电动汽车P位控制器故障灯是_____符号。

2. 判断题

（1）电动汽车的P位实现可以采用手动操纵的机械锁止，也可采用电机控制锁止。（　　）

（2）电动汽车变速器ECU仅控制P位锁止。（　　）

3. 简答题

（1）电动汽车减速器控制器的功能是什么？

（2）一辆电动汽车因蓄电池亏电不能行驶，现想立即移走车辆，应如何解除P位的锁止？

项目十二
电动汽车故障分析方法

🔌 情境引入

小林要参加本市的电动汽车职业技能大赛,他在进行准备时思考了如下问题:电动汽车故障有几种类型呢?每种类型又如何入手排除呢?

🔌 学习目标

1. 能说出电动汽车的故障现象。
2. 能说出不同的故障现象的可能原因。
3. 能说出不同的故障现象的诊断方法。
4. 能利用故障分析方法排除电动汽车故障。

任务一　电动汽车无 IG 档仪表显示异常故障分析

一　故障现象

按下供电开关第一次,收音机显示屏点亮,有的车型还伴随一定的开机声音,说明 ACC 供电正常;但按下供电开关第二次仪表无显示(图 12-1)或显示屏信息不正常(图 12-2),有的汽车还伴随有防盗提示,并有转向灯闪烁,报警喇叭响起(图 12-3)。

图 12-1　典型吉利纯电动汽车无 IG1 供电故障现象

图 12-2　典型吉利纯电动汽车无 IG2 供电自动切屏后的显示故障现象

图 12-3　典型吉利纯电动汽车无 IG2 供电初始故障现象

二、故障原因

1）电源管理系统无供电或搭铁。
2）电源管理系统执行器中的 IG 继电器未工作（图 12-4 和图 12-5）。
3）如果连 ACC 档也没有，可能是供电开关（SSB）故障。
4）如果连 ACC 档也没有，可能是电源管理系统故障。

图 12-4　IG1 继电器位置（上部继电器）

图 12-5　IG2 继电器位置（右侧 12 号继电器）

三、诊断过程

观察供电开关指示灯，在操作供电开关时指示灯颜色是否正常，指示灯无显示说明电源管理系统未工作，检查电源管理系统常供电或搭铁故障。

任务二　电动汽车无法启动故障分析

一、故障现象

踩下制动踏板，按下供电开关，仪表上电就绪指示灯（READY）无显示，踩下加速踏板汽车不能行驶。仪表显示整车控制器存储有故障码，并可能有电池故障灯亮起。

正常的、上电就绪指示灯显示（图 12-6），不能上电就绪时的显示（图 12-7）。

图 12-6　吉利 EV300 启动正常时的仪表显示

图 12-7　吉利 EV300 无法启动正常时的仪表显示
（红色整车控制故障灯亮）

二、故障原因

1）供电或接地。带无钥匙进入系统的电源管理系统常供电、IG 供电或接地故障。

2）启动控制条件。主要包括：

①制动开关信号不能正常输入。

②变速杆不在 P 位。

③供电开关故障。

④电池管理系统（BMS）、车载充电机（OBC）、汽车变频器、整车控制器内存储有影响启动的故障码。

⑤高压互锁故障。

⑥低压互锁故障。

⑦总线故障。

3）执行器输出故障。主要包括：

①启动继电器故障。

②启动继电器电路故障。

三、诊断过程

1）观察供电开关指示灯，在操作供电开关时指示灯颜色是否正常，指示灯无显示说明电源管理系统未工作，检查电源管理系统；踩下制动检查制动灯是否亮起，亮说明制动开关正常；检查仪表显示的档位是否是 P 位，不是，将变速杆置于 P 位。

2）检查电源管理系统的启动继电器是否动作向整车控制单元申请启动，注意启动继电器只是瞬间工作触点闭合一下就断开。

3）读取电池管理系统是否有电池单体老化、绝缘报警之类的故障码；读取电池管理系统是否有高压配电箱上电继电器故障。

4）读取整车控制单元内故障码，如有互锁故障，检查整车控制器、变频器、PTC 加热器、电动空调压缩机之间的互锁电路，有则用电压法或电阻法检查互锁线；读取车载充电机控制单元是否有互锁故障，有则用电压法或电阻法检查互锁线；读取电池管理系统是否有互锁故障，有则用电压法或电阻法检查互锁线。

5）最后断开 12V 蓄电池，并在 OBD 自诊断插头处检查 CAN 总线的 CAN-H 和 CAN-L 之间的总电阻是否是 60Ω，是则说明总线终端的两个控制单元在网络上，网络可以运行。但 CAN 总线终端内的控制单元无法识别是否在网络上。可用诊断仪进入相应的控制单元，若能进入读取，说明分支总线没问题；若不能读取，则要检查相应控制单元的电源和搭铁。相应控制单元的电源和接地正常，则可通过断开相应控制单元的插头连接，找到 CAN 总线的 CAN-H 和 CAN-L，并从其他单元的 CAN 总线的 CAN-H 和 CAN-L 端测量本控制单元的 CAN 总线的 CAN-H 和 CAN-L 的导通情况。

任务三　电动汽车加速无力故障分析

一　故障现象

踩下制动踏板，按下供电开关，仪表上电就绪指示灯（READY）正常，踩下加速踏板汽车行驶无力。

二　故障原因

1）变频器冷却故障。变频器内逆变桥过热进入降功率输出导致加速无力故障。
2）电机故障。主要包括：
①电机过热引起变频器内逆变桥进入降功率输出导致加速无力故障。
②永磁电机转子失磁引起的加速无力。
③定子线圈局部匝间短路故障。

三　诊断过程

读取变频器的故障码和数据流，逆变桥过热进入降功率输出导致加速无力故障，是则检查电机的冷却系统。另外，读取变频器电机定子线圈温度的故障码和数据流，检查是否是电机定子线圈温度过高故障。通常两种温度过高会同时出现，应做如下检查：
1）冷却系统冷却液不足。
2）电动水泵损坏。
3）电动水泵继电器损坏。
4）散热器风扇电路故障。
5）线路故障。
若变频器无故障、冷却系统无故障的情况下，才怀疑电机转子和定子故障，应进行如下检查。
1）用仪表测量电机转子表面的磁通量，检查是否失磁。
2）用仪表测量定子各相线圈的电阻、电感是否平衡。

任务四　电动汽车无法充电故障分析

一　故障现象

打开交流充电口，插入小功率或大功率交流充电枪，仪表不显示充电连接符号或只显示充电连接符号，但不显示充电过程；在打开点火开关的情况下没有充电电流和充电时间显示。

不充电故障也可以是充电时间过长，中途有降电流充电或间歇停充的现象，通常也称为无法充电故障。

正常关闭点火开关后的充电仪表显示如图 12-8 所示。这时仪表是由 CC 先唤醒辅助控制模块（ACM），辅助控制模块（ACM）再唤醒电池管理系统（BMS）接通电池箱内的充电继电器。

打开点火开关后的充电仪表显示如图 12-9 所示，这时仪表有充电连接指示灯、正充电指示灯和充电剩时间显示。

图 12-8　CC 唤醒后正常充电时的仪表显示

图 12-9　点火开关唤醒后正常充电时的仪表显示

二　故障原因

1. 电池、电池管理系统（BMS）及高压配电箱有故障

1）纯电动汽车长期不行驶，无充放电过程导致电池单体老化严重，或电池箱进水绝缘下降。

2）电池管理系统（BMS）供电和接地故障。

3）对于高压配电箱内置在电池箱中时，电池管理系统（BMS）自诊出上电继电器故障。

2. 充电机系统有故障

1）充电机控制单元供电和接地有故障。

2）充电机控制单元未被电池管理系统（BMS）唤醒。

3）充电机高压熔丝断开。

4）CC 充电口和充电枪连接故障。

5）交流充电桩 CP 和汽车辅助控制模块（ACM）故障。辅助控制模块（ACM）位置如图 12-10 所示。

6）电池管理系统（BMS）未唤醒车载充电机（OBC）故障。车载充电机（OBC）位置如图 12-11 所示。

7）线路故障。

3. 辅助控制模块（ACM）系统故障

1）辅助控制模块（ACM）系统未被 CC 唤醒故障。

2）辅助控制模块（ACM）系统未接收到来自 CP 端的导引脉冲信号。

3）线路故障。

图 12-10 充电辅助模块位置（左侧黑色盒）

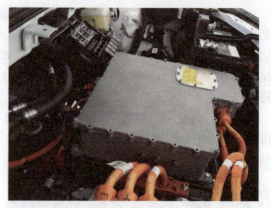
图 12-11 载充电机内置充电机控制单元

4. 充电枪故障

1）充电枪 L、N、PE 与枪座间接触不良，在充电时发热，充电枪温度传感器检测到充电枪温度升高。

2）辅助控制模块（ACM）系统未接收到来自 CP 端的导引脉冲信号。

3）线路故障。

5. 冷却系统故障导致充电时间延长的故障

1）冷却系统冷却液不足。

2）电动水泵损坏。

3）电动水泵继电器损坏。

4）散热器风扇电路故障。

5）线路故障。

三 诊断过程

先确定是不充电，还是充电时间长。若是充电时间长则重点在冷却系统查找故障，例如摸一下充电机壳体是否过热，若过热则进行如下检查：

1）检查冷却液在储液罐内的高度（图 12-12），不足则补加到正常高度范围。

2）用听诊器听水泵是否转动，并听泵内是否有气体"打嗝"的声音（图 12-13），若有气体"打嗝"的声音则需要对管路进行排气。

图 12-12 储液罐冷却液面高度检查

图 12-13 冷却系统气体"打嗝"检查

3）当摸冷却液管感觉烫手时，散热器风扇应高速转动。

若是不充电故障，则按以下顺序排除故障：

1）电池、电池管理系统及高压配电箱故障排除，特别是电池老化，要更换电池。对长期使用的电动汽车，初次出现的电池单体老化偶尔能充电，在接下来的充电、行驶过程中可能故障会消除。

2）充电枪故障，比如充电枪和充电座间隙增加、充电时过热，这时应更换新的充电枪和充电座。

3）电池管理系统（BMS）线路、车载充电机（OBC）线路、辅助控制模块（ACM）线路及控制单元本身故障。

复习题

1. 填空题

（1）电动汽车的故障现象有_____、_____、_____、_____等。

（2）电机过热引起变频器内逆变桥进入_____导致加速无力故障。

2. 判断题

（1）实车高压元件有故障是高压下电、不能再次上电的主要原因。　　（　　）

（2）电动汽车电池包故障，有时可通过电池管理的充放电平衡功能实现自愈。（　　）

3. 简答题

（1）电动汽车出现低压无电故障时，如何排除？

（2）电动汽车出现高压无法上电故障时，如何排除？

（3）电动汽车出现高压上电后无法行驶的故障时，如何排除？

参 考 文 献

[1] 赵振宁. 新能源汽车技术 [M]. 北京：人民交通出版社，2021.
[2] 全国汽车标准化技术委员会. 电动汽车操纵件、指示器及信号装置的标志：GB/T 4094.2—2017 [S]. 北京：中国标准出版社，2017.